J'ai mal à l'école
Troubles affectifs et difficultés scolaires

La Collection de l'Hôpital Sainte-Justine
pour les parents

J'ai mal à l'école
Troubles affectifs et difficultés scolaires

Marie-Claude Béliveau

Éditions de l'Hôpital Sainte-Justine

Centre hospitalier universitaire mère-enfant

Données de catalogage avant publication (Canada)

Béliveau, Marie-Claude, 1961-

J'ai mal à l'école: troubles affectifs et difficultés scolaires

(Collection de l'Hôpital Sainte-Justine pour les parents)
Comprend des réf. bibliogr.

ISBN 2-922770-46-X

1. Apprentissage, Troubles de l'. 2. Troubles affectifs chez l'enfant. 3. Comportement, Troubles du, chez l'enfant. 4. Famille et école. 5. Parents et enfants. I. Hôpital Sainte-Justine. II. Titre. III. Collection

RJ506.L4B44 2002 618.92'85889 C2002-941646-9

Illustration de la couverture: Stéphane Jorisch
Infographie: Nicole Tétreault

Diffusion-Distribution au Québec : Prologue inc.
en France : Casteilla Diffusion
en Belgique et au Luxembourg : S.A. Vander
en Suisse : Servidis S.A.

Éditions de l'Hôpital Sainte-Justine (CHU mère-enfant)
3175, chemin de la Côte-Sainte-Catherine
Montréal (Québec) H3T 1C5
Téléphone: (514) 345-4671 • Télécopieur: (514) 345-4631
www.hsj.qc.ca/editions

ISBN 2-922770-46-X

Dépôt légal: Bibliothèque nationale du Québec, 2002
Bibliothèque nationale du Canada, 2002

La Collection de l'Hôpital Sainte-Justine pour les parents bénéficie du soutien du Comité de promotion de la santé et de la Fondation de l'Hôpital Sainte-Justine.

Le masculin est généralement utilisé pour désigner les deux sexes, sans discrimination, et dans le seul but d'alléger le texte.

Remerciements

Je désire remercier les Éditions de l'Hôpital Sainte-Justine qui me permettent de m'adresser par écrit aux parents d'écoliers et aux intervenants du système scolaire. Je partage quotidiennement avec ces derniers la vie d'enfants qui ont « mal à l'école ». Je remercie tout autant ces enfants qui, lorsqu'ils le peuvent, acceptent d'établir des ponts entre eux et moi et me permettent d'avoir accès à ce qu'ils vivent.

Merci aussi à Luc Bégin, responsable des éditions, qui m'a épaulée et dirigée dans ce projet avec tout le professionnalisme, la patience et la compétence requises. Il m'a gardée en piste comme il sait le faire avec tous ces cliniciens et cliniciennes « non-auteurs » qui le deviennent par la force des choses.

Merci à Michel Lemay, pédopsychiatre, qui m'a autorisée à lui emprunter le titre d'un de ces livres *J'ai mal à ma mère*. Cette image convient très bien à la situation de certains enfants face à l'école. Merci aussi à Germain Duclos et à Gloria Vincelli qui, par leurs critiques et suggestions, m'ont aidée à nuancer et à raffiner le texte et les idées qui y sont transmises ; à Monique Proulx également pour la révision linguistique et la clarification de certains propos.

Je tiens en particulier à remercier mes enfants pour leur compréhension à l'égard d'une maman concernée, mais fidèle à ses convictions et se tenant donc loin de leurs sacs d'école ! Merci à eux pour leurs histoires de cour d'école, pour le temps qu'ils prennent à me livrer leurs joies et déceptions, à me raconter souvent tous à la fois combien chaque journée a son lot d'expériences toujours constructives. Mes remerciements s'adressent enfin à mes proches et amis qui m'ont encouragée à poursuivre et qui sont restés tout près malgré mon manque de disponibilité.

Table des matières

La leçon du papillon

Un jour, un homme passa par hasard devant un cocon et s'arrêta pour l'observer. Il y avait dans ce cocon un petit trou, et l'homme vit qu'à l'intérieur un papillon s'efforçait de sortir. Il resta de longues heures devant ce cocon. Le papillon faisait tout ce qu'il pouvait pour en sortir. Or, il semblait sur le point d'abandonner, faute de pouvoir passer par le trou qui restait toujours aussi petit.

L'homme décida alors d'aider le papillon. Il prit un couteau, ouvrit le cocon et le papillon sortit aussitôt. Cependant, son corps était maigre et engourdi, ses ailes étaient peu développées et elles bougeaient à peine.

L'homme continua à observer, se disant que les ailes du papillon s'ouvriraient d'un moment à l'autre et qu'alors l'insecte serait capable de prendre son envol.

Il n'en fut rien ! Le papillon passa le reste de son existence à se traîner par terre avec son corps maigre et ses ailes rabougries. Jamais il ne put voler.

Ce que l'homme n'avait pas compris, avec son intention d'aider, c'est que le passage par le petit trou du cocon aurait permis au papillon de faire l'effort nécessaire pour que puisse être transférés les liquides internes de son corps à ses ailes, ce qui lui aurait permis de voler.

Adapté d'un texte italien anonyme

Comme les papillons, les enfants apprennent à déployer leurs ailes si ceux qui les entourent savent les accompagner tout en gardant une juste distance.

Introduction

Mal de cœur, mal de ventre, « mal d'école »... des petits bobos d'enfants qui tournent parfois au drame lorsqu'ils se conjuguent au quotidien. Certains enfants se lèvent jour après jour avec ce « mal d'école » sans que de réels troubles d'apprentissage en soient la seule cause possible. La nature de leurs problèmes scolaires est souvent tout autre ; ces enfants ont du mal à apprendre ou à s'adapter à l'école pour des raisons d'ordre affectif qui finissent souvent par entraver l'actualisation de leur potentiel cognitif. D'autres enfants, aux prises avec des troubles spécifiques d'apprentissage, ne profitent pas de l'aide qu'ils reçoivent à cause de ces mêmes facteurs affectifs, ce qui complique le problème.

Alexandre, Francis, Marc, Marianne, Mathilda, Noémie et beaucoup d'autres souffrent de ce mal, bien qu'à des degrés divers. Leurs symptômes varient en intensité, en durée et en fréquence. Les circonstances dans lesquelles se profilent ces difficultés d'adaptation ou d'apprentissage à l'école sont différentes d'une histoire à l'autre. Les causes du problème étant multiples, il devient souvent complexe de « lire » la situation de l'enfant qui vit des difficultés à l'école (c'est-à-dire de bien comprendre pour mieux intervenir). Cela s'explique par le fait que les fonctions intellectuelles des enfants se développent et s'actualisent en interaction constante avec leur développement affectif et social. Or, l'influence réciproque des facteurs affectifs, cognitifs, intellectuels, biologiques et sociaux dote les enfants de profils d'apprentissage fort différents les uns des autres.

Au-delà des troubles spécifiques d'apprentissage, qui ne font pas l'objet de cet ouvrage même s'ils y sont souvent décrits, il existe de nombreuses raisons pour lesquelles l'écolier vit mal ses années d'école. Il est connu que le fait de bien s'intégrer au monde scolaire est l'un des facteurs qui influence le plus la réussite à l'école. Dès lors, les causes du « mal d'école » sont parfois à chercher dans un tout autre domaine que celui de l'intelligence elle-même.

Dans ce livre, nous présentons différents problèmes liés à l'affectivité, qui limitent parfois les capacités d'apprentissage et d'adaptation de l'enfant à l'école : anxiété, immaturité, inhibition intellectuelle, névrose d'échec et autres. Nous abordons aussi des pistes d'intervention pour aider ces enfants à mieux vivre l'école. L'objectif est de permettre aux parents de constater le large éventail des problèmes scolaires que vivent les enfants, afin de mieux les prévenir et d'intervenir s'ils le peuvent ou, à tout le moins, de ne pas nuire au processus de résolution lorsqu'il est amorcé.

Par une série d'exemples et de vignettes, nous illustrerons différents types de problèmes scolaires dont les racines se trouvent dans le développement socio-affectif de l'enfant et qui l'influencent, parfois au point de compromettre son développement. Nous verrons aussi comment les facteurs en jeu interagissent les uns avec les autres pour « colorer » la situation scolaire d'un enfant.

Face aux difficultés rencontrées à l'école par les enfants, il existe autant de solutions que d'histoires. Les solutions ne peuvent s'inspirer que d'une compréhension au moins minimale des différents facteurs en jeu dans chacune des situations. C'est donc par des histoires réelles d'enfants que nous exposerons des pistes de solutions, afin que le parent-lecteur trouve de nouvelles façons de «lire» ce que vit l'enfant à l'école et soit en mesure de l'accompagner, tout en gardant une « juste distance ».

Première Partie

VIE AFFECTIVE ET APPRENTISSAGE

Chapitre 1

S'adapter, grandir et apprendre

▼

Et la Mère, fermant le livre du devoir,
S'en allait satisfaite et très fière sans voir,
Dans les yeux bleus et sous le front plein d'éminences,
L'âme de son enfant livrée aux répugnances.

Les poètes de sept ans, *Arthur Rimbaud*

Un enfant à mettre au monde

En venant au monde, l'enfant est plongé dans une constellation familiale qui a déjà une histoire et des valeurs qui lui sont propres. Il vit généralement avec ses parents, qu'ils soient ensemble ou séparés, en harmonie ou en conflit, et souvent avec des frères et des sœurs, tous différents les uns des autres. Chaque membre de la famille porte en lui ses souvenirs, ses joies et ses blessures, ce qui influence inévitablement les autres membres de la famille. Par ce jeu d'interactions, l'enfant se construit et cumule à son tour les expériences les plus diverses, plus ou moins positives, plus ou moins traumatiques, plus ou moins favorables à son développement. C'est avec ce premier bagage qu'il quitte la maison pour entrer à l'école. Il poursuit son développement dans ce milieu, qui est tout aussi riche que la maison en expériences de toutes sortes et à partir desquelles il se prépare à sa vie d'adulte.

L'environnement familial est l'un des facteurs qui détermine le plus les rapports que l'enfant établira par la suite avec le monde extérieur, dont fait partie l'école, ce milieu où il doit s'ancrer pour ne pas vivre son enfance en marge du groupe. Les bases de son développement ont été posées avant que l'enfant entre à l'école et celui-ci doit maintenant les utiliser pour s'adapter et s'intégrer au monde nouveau qui l'attend. La « couleur » des relations familiales déjà tissées a donc une incidence sur ce que sera en mesure de vivre le nouvel élève. Ainsi un petit qui grandit auprès de parents anxieux aura tôt fait de le devenir quand il sera face à la nouveauté ; de la même façon, celui qui est élevé par des parents négligents manquera bien vite du soutien et de l'organisation dont chaque enfant a besoin pour se sentir en sécurité.

Parmi les facteurs qui permettent à l'enfant de bien vivre l'école, les facteurs affectifs sont déterminants puisqu'ils aident un enfant à compenser ses difficultés scolaires lorsque celles-ci sont de nature spécifique, c'est-à-dire liées aux instruments d'apprentissage. Que les problèmes soient passagers ou durables, il est clair que plus tôt nous dépistons les signes du « mal d'école », mieux nous pouvons mettre en place des conditions favorables à l'apprentissage et à l'adaptation scolaire.

Un enfant qui cherche à grandir

Comme le papillon, l'enfant doit déployer ses ailes pour grandir, aller à l'école, se séparer de ses parents, découvrir l'extérieur. Bref, pour voir le monde ! La réussite de son intégration sociale dépend de l'effort qu'il met à entrer en relation avec un environnement lui demandant déjà beaucoup et du respect manifesté par son entourage immédiat pour son rythme et son style d'apprentissage. Les parents aussi doivent fournir un effort afin d'accepter l'inconfort de ce moment de transition que représente l'entrée à l'école.

L'enfant fait l'effort quand ses parents le font, et quand il est en mesure d'accepter le cadre dans lequel il doit le fournir. Il le fait d'autant mieux qu'il a déjà affronté des situations nouvelles et parfois difficiles, et qu'il s'y est adapté pour en tirer un bénéfice. Si les outils d'apprentissage de l'enfant sont fin prêts pour débuter l'école, tout devrait bien se passer. Dans le cas contraire, des répercussions inévitables se font sentir sur l'ensemble de son développement, à moins qu'il réussisse, dès son entrée à l'école, à compenser peu à peu ses déficits par un enseignement régulier ou spécialisé de qualité et par de bons modèles (parents, enseignants) qui lui permettront d'acquérir un sentiment de sécurité de base sur lequel pourra s'édifier sa motivation à apprendre et à se dépasser.

Lorsque le petit arrive à l'école, il dépend encore beaucoup des adultes qui l'entourent pour ce qui est des gestes du quotidien. Rapidement, il s'adapte en apprenant progressivement les bases du système scolaire dans lequel il est invité à s'engager et il se plaît généralement à montrer ce qu'il sait faire seul. Au début, les parents sont appelés à aider l'enfant à s'organiser pour ses devoirs parce qu'il n'a pas encore acquis d'automatismes pour le faire lui-même. Par contre, le plus rapidement possible, les parents ont tout intérêt à encourager l'enfant à faire seul tout ce qu'il est capable de faire et à ne demander de l'aide qu'au besoin. Plus l'écolier répond seul aux exigences scolaires, plus il peut s'en accorder le crédit et être en mesure de réutiliser ces compétences en classe ou devant sa feuille de contrôle.

Ainsi, combien d'enfants ne comprennent pas encore le sens de la lecture en 3e et en 4e année parce qu'ils continuent à lire à voix haute leurs textes donnés en devoir, comme en 1re, quand les parents les accompagnaient de près dans cette tâche. Si l'enfant lit à voix haute, c'est qu'il lit encore pour l'autre et non pour lui-même. Comment peut-il alors prendre plaisir au sens du texte si l'objectif visé est plutôt de vérifier s'il lit bien et de corriger les fautes ?

D'une part, la lecture ralentie par le seul fait de lire à voix haute et le mot à mot ainsi décodé limitent l'accès au sens. Les parents s'étonnent alors de voir que leur enfant ne réussit pas à répondre aux questions qu'ils lui posent sur le texte. Cela est pourtant normal. N'importe quel adulte lisant à un autre un texte à voix haute comprend moins bien que s'il le lit à voix basse. En demandant soir après soir à l'enfant de lire à voix haute, on le place dans une position de dépendance par rapport à celui ou celle qui corrige ses erreurs au fur et à mesure et qui vérifie sa compréhension par des questions auxquelles cet enfant aurait eu moins de mal à répondre s'il avait lu en silence.

D'autre part, l'enfant prend l'habitude de se faire « réexpliquer » le texte plus en profondeur, et il ne cherche pas à le faire lui-même.

À trop vouloir en faire pour les enfants, on les empêche de développer leurs propres moyens et de mettre au point des stratégies qui leur seront utiles toute leur vie.

L'enfant doit acquérir de l'autonomie à chaque stade de son développement. Celui à qui l'on met un sac d'école dans les mains devrait tout au moins être capable d'en sortir le contenu lui-même, de relire ce qu'il a écrit dans son agenda et de savoir ce qu'il a à faire. À la limite, s'il a besoin d'aide, il devrait pouvoir la demander sans pour autant que le parent reste assis à ses côtés. L'aider à devenir plus autonome, c'est aussi l'encourager à chercher de l'aide là où elle se trouve, c'est-à-dire auprès des intervenants scolaires et plus particulièrement de son enseignant. Les parents qui se substituent à l'enseignant pour aider leur jeune dans ses travaux scolaires sont généralement déçus des résultats obtenus. Leur objectif est louable, mais le moyen fonctionne rarement. Ce n'est généralement pas en faisant plus pour un enfant qu'on l'aide à devenir autonome et compétent.

En donnant aux enfants les moyens d'être autonomes, dans la mesure où ils le peuvent, on les aide à acquérir un sentiment de compétence et de confiance, sentiment qui leur sera essentiel lorsqu'ils feront face aux exigences scolaires sans avoir le « moi auxiliaire » parental à leurs côtés. Ceux qui ne sont pas autonomes à l'école ont plus facilement tendance à devenir stressés, tristes et anxieux parce qu'ils pensent ne pas pouvoir y arriver seuls. Leurs expériences quotidiennes leur confirment chaque jour qu'ils ne peuvent pas faire seuls ce qu'ils ont à faire. Ils dépendent de leur entourage pour aborder une tâche, persévérer et valider leur travail. En cas de réussite, ils ont du mal à s'en accorder le crédit, parce qu'ils savent avoir été beaucoup aidés. Par contre, en cas d'échec, ils n'ont pas tendance à regarder ce qui, dans leurs attitudes ou dans leur façon de faire, a pu influencer leur rendement.

Cette manière de se comporter ne permet pas d'utiliser les déceptions quotidiennes pour favoriser le développement d'attitudes favorables à l'apprentissage, car l'enfant perçoit souvent la cause de ses échecs comme extérieure à lui-même. Il se retrouve donc en marge de son groupe scolaire. Il reste plus passif que les autres, moins engagé et moins responsable de ses résultats scolaires, ce qui incite ses parents à l'accompagner d'encore un peu plus près. Or, cet accompagnement ne l'aide pas vraiment à devenir autonome, car il attend trop des autres pour apprendre.

L'enfant vit mal ce manque d'autonomie, car il sent qu'il n'a pas de pouvoir sur ce qu'il fait. Il devient de plus en plus mal à l'aise dans la relation trop étroite qui l'unit à ses parents dans les matières scolaires, et il s'en défend en s'opposant à eux, le plus souvent sur un mode passif. Ce qui est paradoxal, c'est que cet écolier fera tout pour maintenir son état de dépendance, car il en obtient malgré tout certains gains secondaires, dont la présence de l'autre à ses côtés.

Ce type de problèmes trouve une résonance particulière dans certaines familles. Les bénéfices relationnels que l'enfant retire du fait que ses parents répondent inlassablement à toutes ses demandes d'aide l'encouragent à demeurer immature, passif et dépendant. Les deux parties doivent alors apprendre à « se séparer », et l'entourage doit se concerter pour aider l'enfant à devenir autonome et de plus en plus responsable. Dans de telles situations, il est souvent indiqué d'introduire une tierce personne (autre membre de la famille, tuteur, professionnel) pour favoriser le passage à un nouveau stade de développement.

Un enfant hors du nid

Quel parent bienveillant ne s'est pas déjà fait dire qu'il en faisait trop pour son enfant ! Il arrive en effet que nous en fassions plus que moins afin d'aider ou de chouchouter, tout simplement. C'est là une des joies d'être parent et, pour l'enfant, c'est l'occasion de « rester petit » un peu plus longtemps.

Certains ont beaucoup de difficultés à quitter le monde de l'enfance, particulièrement ceux qui ont trop profité de ces moments de grâce. De la même façon que l'oisillon doit parfois être poussé hors du nid pour prendre son envol, certains enfants ont besoin plus que d'autres d'encouragements pour faire leurs expériences... seuls. De l'enfant chouchouté à l'enfant surprotégé, il n'y a qu'un pas, celui qui est induit par l'anxiété des parents.

En effet, certains parents surprotègent leur enfant parce qu'ils perçoivent le monde extérieur comme une jungle et ils ne croient pas leur chérubin capable d'y survivre sans eux. Dans certaines familles, ces attitudes protectrices naissent des circonstances de la vie (maladie, décès d'un proche ou d'un animal, tensions familiales, troubles spécifiques d'apprentissage ou problèmes de développement). Il arrive souvent que les parents n'en prennent pas conscience tant que l'enfant n'en vit pas les conséquences dans son adaptation scolaire et sociale.

Quelles que soient les raisons et les circonstances qui motivent de telles attitudes, l'enfant à qui l'on ne permet pas d'ouvrir ses ailes à sa mesure gagne à « rester petit ». Il s'assure ainsi d'une présence constante, aimante et réconfortante à ses côtés. Pour cet enfant, l'entrée à l'école est souvent un choc parce que, encore trop dépendant de son environnement, il se retrouve mal préparé pour profiter des nouvelles expériences qui lui sont offertes. D'un seul coup, en l'absence de ses parents, il est dépourvu, peu autonome, et en marge du groupe. Cette situation provoque assez d'anxiété pour que soient compromises ses possibilités d'adaptation au milieu scolaire et pour engendrer des difficultés d'apprentissage. Dans certains cas, le stress d'avoir à se séparer de ses parents, tout en étant si mal préparé à aborder l'école, peut dégénérer en phobie scolaire.

C'est un peu ce qui est arrivé à Marc qui, à 8 ans, ne veut toujours pas aller à l'école.

Un enfant choyé parmi tant d'autres

Marc ne s'est jamais plu à l'école. Il pleure souvent le matin avant de quitter la maison et il a toujours du mal à retourner en classe après les périodes de congé. Pourtant, Anne, sa sœur aînée, adore l'école !

Anne est curieuse et réussit dans tous les domaines. Elle aime son petit frère et s'est toujours beaucoup occupée de lui quand il était petit. Elle jouait à la maman ou à la serveuse de restaurant, lui faisait des spectacles, le faisait voyager dans ses bras d'un coin à l'autre de la maison. Leurs parents appréciaient qu'ils s'entendent aussi bien.

À 12 ans, Anne demeure encore très serviable envers son petit frère, « si maladroit et si souvent dans la lune ». Elle l'aide à attacher ses souliers et son manteau quand il met trop de temps. Ils partent souvent en retard pour l'école parce que Marc est particulièrement lent le matin. Il joue et rêvasse alors que toute la famille court pour être à temps. Anne prend son rôle de grande sœur au sérieux et Marc le lui rend bien en restant son plus fidèle admirateur.

En fait, toute la famille s'occupe et se préoccupe beaucoup de Marc. C'est le « bébé », le petit dernier. Souffrant de graves crises d'asthme depuis l'âge de deux ans, il a toujours suscité de grandes inquiétudes et donc induit des attitudes surprotectrices de la part de son entourage. Bien qu'il soit resté très dépendant de ses parents et de sa sœur pour tous les petits gestes du quotidien, cela ne causait pas de problèmes au sein de la famille car on avait du temps à lui consacrer. Sa mère a arrêté de travailler quand il a commencé à faire de l'asthme. Inquiète à l'idée de le confier à une tierce personne, et comme son aînée entrait à l'école en première année, elle a choisi de devenir mère au foyer pour profiter de ses enfants et… pour veiller au grain. Elle voulait, dit-elle, suivre ses deux enfants de près.

Tout se déroulait bien, même si le papa trouvait parfois son fiston bien gâté par ces deux « mères », qui en prenaient grand soin. À elles deux, elles s'assuraient que le garçon ne manquait jamais de rien. Petit pour son âge, maladroit, un peu timide et inquiet, l'enfant réussit à rester « petit » et « mignon » jusqu'à son entrée à l'école. À ce moment-là, il n'avait eu ni le temps ni l'espace pour ressentir des besoins ou des désirs qui auraient pu l'inciter à devenir plus actif.

Dès son entrée à l'école, Marc passe de l'état d'enfant choyé à celui d'enfant perdu parmi les autres. Restant la plupart du temps en marge du groupe parce qu'il ne sait pas trop comment s'y intégrer, il subit l'école plutôt que de s'y épanouir. Il attend que la journée passe pour reprendre ses activités préférées à la maison. Il ne parvient pas non plus à suivre le rythme de sa classe. Sa mère doit passer plus d'une heure chaque soir et plusieurs heures les week-ends pour reprendre avec lui ce qu'il n'a pas compris en classe.

Quelques mois plus tard, alors que ses compagnons lisent couramment, il en est encore à décoder, syllabe par syllabe, comme sa mère le lui a appris. Or, il n'y trouve pas grand intérêt et, surtout, il ne comprend pas le sens de ce qu'il lit. En fait, il n'aime ni lire ni écrire. Il n'a jamais d'idées quand vient le temps de composer des phrases. À la maison, c'est sa sœur qui en trouve toujours une pour le mettre en piste. Sa mère l'aide ensuite à développer la phrase et à l'écrire parce que lui, il écrit encore au son. En classe, une fois seul, il est incapable de faire ce genre d'exercice.

Marc est donc très passif à l'école. Il ne manifeste aucun intérêt. À 8 ans, il est encore au niveau d'un enfant de 1re année et il ne se fait pas d'amis. Malgré des devoirs impeccables, son enseignante voit bien l'écart entre les travaux qu'il rapporte de la maison et ce qu'il fait en classe. Les parents de Marc critiquent les méthodes pédagogiques qui, à leur avis, exigent trop de l'enfant et les obligent à lui fournir tant d'aide au moment des devoirs.

En classe, dès que Marc se retrouve face à une demande un peu exigeante, il se met à pleurer et demande de retourner à la maison, prétextant un mal de ventre ou des difficultés à respirer. Ces symptômes apparaissent dès que son anxiété monte. Au printemps de la 2e année, à la veille des examens, il fait une de ses plus grosses crises d'asthme. Une fois de plus, ses parents sont confortés dans l'idée que leur enfant est vulnérable et qu'ils doivent continuer à le protéger. Devant leur réaction, Marc se met à croire qu'il peut mourir à l'école, loin de sa famille ! Il ne veut plus y aller, il ne s'en sent plus capable.

Il arrive, rarement toutefois, que ce type de situation dégénère en crise de panique et parfois même en véritable phobie scolaire. Cela dit, l'immaturité et l'anxiété qui entraînent des difficultés d'apprentissage sont plus courantes. Les enfants trop immatures finiront bien par grandir, mais sans plaisir, sans engagement, sans moyens.

À vouloir éviter le pire, on le provoque parfois. À trop signifier aux enfants qu'on sera toujours là pour les aider, on leur confirme la vulnérabilité qu'on voit en eux et, du même coup, on empêche une séparation saine et progressive, inhérente au développement. Quand on aide un enfant à mettre ses pantalons alors qu'il en est capable, on lui dit qu'on le croit incapable de le faire lui-même. Quand on en fait trop pour lui, avant lui ou avec lui, on ne lui permet pas d'exercer ses propres moyens et de chercher activement des solutions pour répondre à ses besoins.

Agir ainsi, c'est empêcher l'enfant de grandir. Or, grandir c'est se séparer de ses parents, c'est tolérer l'absence de ceux en qui on puise sa confiance, c'est affronter l'extérieur et la nouveauté pour aller voir le monde ! Apprendre, c'est aussi grandir.

Pour les parents, cela signifie *laisser* grandir, *laisser* s'éloigner, faire suffisamment confiance pour que l'enfant poursuive son développement en allant aussi chercher ailleurs ce dont il a besoin pour s'épanouir. Cela signifie lui permettre d'ouvrir ses ailes pour qu'il grandisse. Souvent, il en est plus capable qu'on ne le croit.

En s'appropriant son parcours scolaire et en acquérant des attitudes favorables à l'apprentissage, l'enfant se valorise, développe une certaine estime de lui-même et devient plus déterminé, plus persévérant et plus confiant. À force d'expériences positives et de succès, il construit sa sécurité intérieure et il apprend à s'aimer, il prend conscience de ses compétences, et finit par être assez confiant pour courir des risques et pour avancer, même en terrain inconnu. Il découvre sa valeur et cela l'incite à oser s'engager là où il pourra continuer à s'épanouir.

L'enfant risque fort de mal s'adapter à l'école et d'y vivre des problèmes d'apprentissage quand il n'a pas l'occasion de développer un sentiment de valeur personnelle ou quand il le perd durant son parcours scolaire à cause d'échecs répétés ou de problèmes relationnels avec des compagnons de son âge ou avec des adultes.

Conseils aux parents

- Avant l'entrée à l'école, aider l'enfant à développer des automatismes et des routines pour les gestes du quotidien (s'habiller, se laver les mains, attacher ses lacets).
- S'assurer que l'enfant, avant d'entrer à l'école, a eu l'occasion de faire des expériences positives ailleurs qu'à la maison.
- Limiter les comportements infantilisants des frères et sœurs (leur demander de ne pas parler à sa place, de ne pas lui donner les réponses aux devoirs, de ne pas trop l'aider à dénouer les conflits dans la cour d'école).
- L'aider à s'organiser pour qu'il puisse ensuite procéder seul.
- Rester attentif à ses progrès et à ses nouvelles compétences, même s'il peut agir sans aide.
- Lui donner des responsabilités qu'il peut assumer.
- Demander à un tiers de prendre la relève quand la relation de dépendance devient trop étroite.
- Lui fournir des moyens sans faire les choses à sa place.
- L'accompagner dans sa vie scolaire, mais en l'encourageant le plus possible :
  - à faire seul tout ce qu'il peut ;

- à prendre ses responsabilités scolaires et personnelles en main ;
- à chercher ses propres solutions devant un problème ;
- à faire ses demandes lui-même à qui de droit et à bien les formuler ;
- à courir des risques à sa mesure ;
- à prendre des initiatives ;
- à donner ses idées, à exprimer ses préférences, à faire ses choix ;
- à utiliser les ressources disponibles à l'école et à demander de l'aide en classe au moment où il en a besoin.

Les parents particulièrement inquiets peuvent diminuer l'impact de leur anxiété sur l'enfant en s'informant le plus possible et en créant des liens avec des gens de confiance dans le milieu où évolue cet enfant. Ainsi, ils tolèrent mieux la séparation et le stress qui en découle. De cette manière, ils encouragent leur enfant à participer à sa vie scolaire. Par contre, les parents ne doivent pas hésiter à consulter si l'anxiété vécue à l'école perturbe ou paralyse le développement de leur enfant.

CHAPITRE 2

QUAND LE LIEN MANQUE

▼

Attachement et développement cognitif

L'enfant qui a du mal à se séparer de ses parents est souvent celui à qui les parents ont du mal à faire confiance et qu'ils voient mal s'aventurer à l'extérieur. Cet enfant a souvent des difficultés à apprendre à l'école. L'anxiété générée par le fait de se retrouver « seul » dans un milieu étranger suffit parfois à l'empêcher d'être attentif, et donc de comprendre et de mémoriser ce qu'on tente de lui apprendre. Il ne retrouve pas à l'école la sécurité du giron familial et il s'y investit moins. Les échecs qui s'ensuivent contribuent à confirmer l'enfant (et ses parents) dans l'idée que le monde scolaire ne répond pas à ses besoins et qu'il ne peut pas s'y engager en toute confiance ; d'où le cercle vicieux.

Il y a des enfants qui se développent plus lentement que d'autres à cause d'un surcroît de protection alors que d'autres, au contraire, souffrent plutôt d'un manque important dans la relation d'attachement avec leurs parents. Le tout jeune enfant apprend à se séparer de ses parents lorsqu'il sait pouvoir se fier à eux dans les situations trop nouvelles ou dangereuses. Par contre, il devient plus inquiet quand il n'a pas développé un attachement empreint de sécurité, soit par inconstance de la part de ses parents, soit par manque de réciprocité dans leurs réactions à l'égard de l'enfant ou parce que la surprotection des parents l'a rendu anxieux et incapable de découvrir son potentiel et de devenir autonome.

L'affectivité a, sans contredit, un rôle fondamental à jouer dans le développement intellectuel et, par voie de conséquence, dans les habiletés d'apprentissage. Les premières relations qui se tissent entre l'enfant et ses parents teintent de façon déterminante la manière dont l'enfant s'engagera par la suite dans le monde extérieur. Ces relations déterminent également les capacités qu'aura l'enfant de s'adapter et d'apprendre à l'école. Parce qu'apprendre, c'est accepter de grandir et acquérir des outils pour devenir de plus en plus autonome. Il faut donc un minimum de sécurité et de satisfaction dans les premiers attachements pour que cela soit possible.

En effet, on observe que les enfants qui ont manqué d'amour dans leurs premières années de vie, faute d'avoir été désirés et chéris par leurs parents, présentent souvent des difficultés scolaires. Celles-ci s'expliquent parfois par un manque de stimulation, ce qui engendre une insuffisance dans les connaissances et les habiletés de base nécessaires à l'apprentissage. Mais bien au-delà de ces problématiques, l'absence du sentiment de sécurité et les troubles de l'attachement ainsi générés sont eux-mêmes à l'origine des problèmes scolaires ultérieurs.

Le goût d'apprendre est intimement lié au goût de vivre et de se relier au monde. Les efforts que font les enseignants pour donner à l'enfant carencé au plan relationnel l'envie d'apprendre et de s'engager dans « leur » monde sont souvent vécus comme autant de rappels des premières blessures narcissiques ; l'enfant s'en défend en mettant en échec ces nouvelles figures d'autorité. En effet, chaque mouvement du monde extérieur vers lui ravive sa souffrance de n'avoir pas été suffisamment « aimable » pour que ses propres parents se préoccupent de lui. En réaction à cet abandon symbolique, l'enfant a appris à s'agripper, par peur de les perdre et d'être oublié définitivement. Or, cette manière « insécure » d'entrer dans le monde a des conséquences sur le développement social et cognitif de l'enfant ; certains ont des troubles d'adaptation et d'apprentissage, faute d'avoir transféré aux autres adultes qui en ont la charge la confiance qu'ils auraient normalement dû établir avec leurs parents. Cela se produit justement parce que ce lien a manqué dans leur développement.

Pour apprendre, la pensée doit se détacher de la perception de l'objet, la mère par exemple, afin que cet objet soit ensuite imaginé (re-présenté). Cette distance entre l'objet et sa représentation permet de forger des images mentales et des pensées qui sont à la base de l'apprentissage. L'enfant qui n'a pas appris à voir disparaître sans angoisse ses premiers objets d'amour et qui, selon les courants psychanalytiques, craint de perdre l'amour de sa mère «suffisamment bonne» en se séparant d'elle, a plus de mal à développer de tels mécanismes de représentation mentale, pourtant essentiels. Il met alors toute son énergie à rechercher l'objet lui-même, l'objet concret et tangible, sans avoir recours à la pensée pour le faire exister hors de sa présence immédiate. Il doit manipuler pour comprendre, et n'a pas le recul nécessaire pour que sa pensée se construise quand l'objet n'est plus sous ses yeux. Pourtant, la capacité de penser et le désir d'apprendre viennent, en partie du moins, de cette distance entre l'objet et le souvenir qu'on s'en fait en son absence. L'écart qui existe entre ce qu'est l'enfant et ce qu'il voudrait être, tout comme entre ses besoins et les moyens qu'il peut trouver pour les satisfaire, crée un inconfort qui l'amène à chercher des solutions et qui permet à la pensée d'émerger et de s'élaborer.

Le jeune enfant peut plus facilement se séparer de sa mère lorsqu'il sait, par l'image mentale qu'il s'en fait, qu'elle existe encore et qu'elle reviendra, même si elle n'est pas dans son champ de vision. Le lien demeure malgré l'absence physique. Celui qui n'a pas emmagasiné de telles expériences positives et qui a plutôt vécu des situations d'angoisse et d'impuissance devant l'absence de réponse à ses appels, n'a pas appris au moment de son entrée à l'école à faire exister dans sa tête ce qu'il n'a plus sous les yeux ou à persévérer dans une recherche active de moyens pour répondre à ses besoins. Seule la répétition d'expériences satisfaisantes et rassurantes aurait pu lui donner la conviction d'être valable et lui permettre d'acquérir sécurité et sentiment de compétence, bases de l'estime de soi et de l'adaptation scolaire. Dans cette perspective, les enfants carencés au plan relationnel témoignent bien des troubles cognitifs générés par les manques affectifs au cours de la petite enfance.

Sécurité de base et apprentissage

En établissant une juste distance entre l'enfant et ses parents, on aide l'enfant à grandir sur bien des plans, surtout quand cela se fait dans un contexte où règne une certaine confiance et où sont déjà posés les bases du sentiment de sécurité. Ainsi, le petit enfant apprend à parler quand sa mère commence à « s'éloigner » de lui. Même si elle ne devine pas tous ses besoins ou n'y répond pas toujours dès qu'elle les devine, elle l'encourage à utiliser le langage pour faire ses demandes. Ainsi, le désir de savoir et d'apprendre de l'enfant vient aussi du délai créé entre le besoin et sa satisfaction. L'enfant cherche alors une solution, il réfléchit et fait revenir dans sa tête les images et les mots nécessaires pour exprimer son besoin.

En cherchant activement une solution, l'enfant acquiert des moyens efficaces pour agir et s'exprimer. En l'absence de cette juste distance, ou si les moyens trouvés ne lui apportent pas satisfaction, l'enfant abandonne sa quête, sa soif d'apprendre, et cherche plutôt à s'approprier le réel tangible en s'y « agrippant », car il est incapable de le penser sans l'avoir sous les yeux ou sous la main. Par ailleurs, la distanciation n'est tolérable que si le lien peut exister malgré l'absence. Ainsi, pour se séparer de ses parents et devenir plus autonome, même intellectuellement, il est clair qu'il faut d'abord avoir été « attaché ». La psychologue clinicienne Françoise Coutou-Coumès résume bien cette idée :

> « Pour être curieux, il faut avoir été comblé,
> mais il ne faut plus l'être pour le rester. »

Pour bien comprendre ce phénomène, prenons une fois de plus l'exemple de la lecture d'un texte. Chez les enfants carencés au plan des premiers attachements, la lecture se résume souvent à juxtaposer des mots qui, une fois lus, demeurent des entités isolées puisque ces mots ne restent pas en tête et que les liens entre eux ne se font pas. Cette façon de lire ne permet pas aux enfants de comprendre le sens des phrases et du texte, et donc d'aimer lire. Ces enfants réagissent aux stimuli concrets placés devant eux sans prendre le temps de réfléchir, sans se représenter en pensée ce qu'ils doivent faire et comprendre de cet ensemble de mots. Ils agissent souvent sous l'impulsion du moment, sans réfléchir, dans la vie quotidienne comme devant les tâches à accomplir. Les liens ayant manqué dans leur vie, ils ne se font pas plus dans leur tête lorsqu'il s'agit d'apprendre.

Ces enfants, carencés ou surprotégés, n'ont en général pas de projets, ne souhaitent pas grandir ni se débrouiller seuls. Ils ont peur et craignent d'être abandonnés s'ils deviennent autonomes, le lien étant trop précaire. Ils apprennent donc en juxtaposant des éléments, sans faire de liens entre ceux-ci, souvent même sans comprendre le sens de la tâche et, pour cette raison, ne gardent en mémoire que peu de traces de ce qu'ils ont appris. Ils oublient systématiquement ce qui leur est enseigné. C'est tout simple : ils n'ont pas appris à penser, mais plutôt à réagir.

Pour aider les enfants à développer un sentiment de sécurité, il est important d'instaurer des routines stables à l'école et à la maison, et d'établir des règles cohérentes et sécurisantes ; il faut aussi leur permettre d'assumer les conséquences naturelles et logiques de leurs choix et de leurs gestes. Les enfants ont autant besoin de repères externes dans l'espace et dans le temps que de repères internes face aux actions et aux réactions des adultes envers eux. Ces repères l'aideront à s'individualiser et à acquérir une pensée de plus en plus différenciée.

Apprendre, pourquoi et pour qui

Pour l'enfant dont le lien d'attachement est précaire, apprendre est souvent plus relationnel (motivation extrinsèque) qu'une aspiration personnelle née du désir de savoir (motivation intrinsèque). Tout ce qui intéresse l'enfant, c'est de se rattacher à l'autre ; apprendre ou faire ce qu'on attend de lui devient un « cadeau » qu'il donne ou qu'il refuse à l'autre. Les adultes se font souvent prendre à ce jeu inconscient de l'enfant, en se sentant très investis puis rejetés, selon ses réussites et ses échecs. À cause du « désir réparateur » que ces enfants induisent chez les adultes, ces derniers pourront tenter d'établir avec lui un lien privilégié qui, par ailleurs, aboutira malheureusement et presque inexorablement à la perpétuation de l'échec relationnel.

En effet, l'enfant est souvent incapable de tolérer les rapprochements ainsi recherchés. Ainsi, quand l'adulte tente d'entrer en relation avec lui, il devient souvent méprisant et destructeur. Plus on s'en approche, plus il cherche à confirmer à quel point il doit être « mauvais » pour n'avoir pas su se faire aimer de ses parents. Il vit un très grand sentiment de culpabilité qu'il tentera de soulager toute sa vie. Cette première blessure narcissique devient plus tolérable du fait qu'il fait tout pour provoquer ce rejet. Son énergie mentale est entièrement utilisée à se confirmer, un peu chaque jour, que ses parents avaient bien raison de ne pas l'aimer.

Ce type de problème prend sa source dans les premières années de vie, les très jeunes enfants ayant l'ultime conviction qu'ils sont la seule et unique cause de tout ce qui leur arrive. Or, des parents qui manquent de disponibilité pour leurs enfants, souvent à cause de leurs problèmes personnels, se trouvent encore plus dépourvus devant leurs enfants qui restent avant tout en quête de relations sans pourtant parvenir à tisser de liens durables avec leur entourage. Après une « lune de miel » où l'enfant tente de séduire l'adulte, il va chercher l'autre en attirant son attention de façon négative, comme s'il n'avait pas appris à faire autrement ou, pire encore, comme s'il devait confirmer sa « non-valeur » et justifier l'abandon « symbolique » de ses parents.

De l'art de s'agripper à la quête continuelle du rejet

On amène Mathilda en consultation pour préciser la nature de ses difficultés scolaires, qui persistent depuis son entrée à l'école. Âgée de 7 1/2 ans, elle est très petite et se démarque de ses compagnons par son allure générale peu harmonieuse, voire négligée. Sa mère l'a élevée seule et souffre de problèmes psychiatriques qui l'emmènent souvent à être hospitalisée. Lorsque cela se produit, l'enfant est confiée à une tante qui ne subvient qu'à ses besoins physiques. Les cheveux en broussaille, les doigts tachés de croustilles au fromage avalées à la hâte en guise de petit déjeuner, et vêtue de vêtements manifestement trop grands pour elle, elle entre en trombe dans le bureau de l'intervenante qui doit procéder à son évaluation. Mathilda se met rapidement à ouvrir les tiroirs pour y découvrir des trésors qu'elle aimerait bien s'approprier.

D'entrée de jeu, elle aperçoit un chronomètre et demande de l'apporter chez elle. Devant un refus, elle poursuit sa quête d'objets qui, même s'ils lui étaient offerts, ne sauraient la satisfaire. Cette quête interminable ira jusqu'au refus final, marquant pour elle une fois de plus l'incapacité des adultes à répondre à ses besoins, à ses désirs. Tout au long de l'évaluation, elle doit être encadrée de façon très ferme pour éviter que ses demandes incessantes mènent au bris de la fragile relation qui permettra d'estimer ses capacités d'apprentissage.

Il est clair que son seul souci est de plaire mais, paradoxalement, chaque signe positif ou renforcement de la part de l'intervenante entraîne une fermeture de plus en plus complète de l'enfant, qui tente finalement de montrer qu'elle n'est « pas capable », qu'elle n'est pas assez « valable » pour réussir, qu'elle ne peut qu'être décevante.

Pour évaluer son écriture, on demande à Mathilda de composer un court texte. Elle écrit un mot qui témoigne de son « amour » pour celle qui se trouve devant elle. L'attitude est fort séductrice et l'énergie de l'enfant est entièrement mise à se montrer « aimable ». Puis, elle demande immédiatement un feed-back sur ce qu'elle a fait. La réaction de l'intervenante qui se veut valorisante est rapidement tournée en ridicule par l'enfant elle-même, qui soutient que son écriture est illisible, ce que sa mère lui reproche constamment. Mathilda reprend sa feuille et efface quelques lettres pour changer certains mots, mais ce faisant, elle chiffonne la feuille et la transperce à force d'effacer. Elle finit par jeter la feuille à la poubelle en demandant de recommencer. Ses gestes et ses paroles sont de plus en plus fébriles. Elle se reprend et se choque contre le crayon qui « écrit mal », puis elle abandonne. Elle veut alors cesser l'entrevue et faire des jeux.

Au cours des quatre rendez-vous nécessités par l'évaluation, la familiarité de l'enfant à l'égard de l'adulte ne cesse d'augmenter, tout comme sa quête d'objets, son impulsivité et sa dispersion dans les tâches demandées. Au dernier rendez-vous, ses comportements incitent l'adulte à l'encadrer fermement et à la « frustrer » devant ses innombrables demandes; tout se passe comme si Mathilda ne pouvait pas quitter les lieux avec une bonne image d'elle-même. Ensuite, il lui est très difficile de s'en aller et, une fois de plus, l'adulte devient la personne qui la « rejette » puisqu'il faut presque la « mettre à la porte » pour lui signifier la fin de l'entretien.

Le contact avec de tels enfants n'est jamais facile pour les gens appelés à les côtoyer. D'une part, leurs premières demandes font sentir le grand vide qui les habitent, mais ce vide se révèle rapidement être un puits sans fonds; tout ce qu'on donne ne semble qu'empirer le manque et la souffrance. Les enseignants et les compagnons qui vivent près d'eux tous les jours sont constamment partagés entre le désir d'aider et une attitude plus ambivalente, souvent induite par l'enfant.

La mort dans l'âme

Francis est aussi un enfant ayant souffert d'un rejet parental qui date de bien avant sa naissance. Par contre, il se présente différemment de Mathilda qui, elle, exprimait son manque par une agitation fébrile et incessante. Francis se présente plutôt comme un enfant complètement éteint. Il est courbé, parle tout bas, bouge à peine et nous regarde peu. En 5e année (classe spéciale), il lit et écrit à peine. Tant au cours de l'évaluation que durant les premières semaines d'intervention, il s'avère difficile de l'intéresser. Lorsqu'il sourit malgré lui, il cache son visage. Il vit seul avec sa mère qui a complètement évacué le père de la vie de l'enfant, sous prétexte qu'elle ne voulait pas d'enfant de lui. Elle dit très ouvertement avoir tenté de faire mourir son bébé quand elle était enceinte. Elle se souvient d'avoir souhaité qu'il meure quand il était malade, et elle l'a souvent frappé pour le corriger, ce qu'elle ne fait plus parce qu'il lui obéit maintenant. Il ne la « dérange » plus.

La mère de Francis se souvient aussi de longues journées passées à ne pas lui répondre quand il était plus jeune et qu'il la demandait. Il pleurait, criait, réclamait son attention et toutes ces manifestations la laissaient de glace. Depuis qu'il est plus vieux, elle l'amène plus souvent avec elle parce qu'il est « sage ». En effet, Francis est sage. Il est presque mort. Il a dû s'adapter à la vie que sa mère lui offrait et il est maintenant incapable d'avoir du plaisir ou d'exprimer quelque besoin que ce soit. À l'école, par contre, il souffre de la pression des enseignants qui veulent qu'il apprenne. Il réagit en pleurant doucement. Son frère cadet, qui est en 2e année, fait ses devoirs à sa place. Francis ne peut s'endormir si ce dernier n'est pas dans sa chambre en même temps que lui. Ce frère n'a pas subi les mêmes traitements de la part de sa mère ; né d'un autre père, il fut mieux apprécié par sa mère.

L'évolution de Francis ne permet pas de faire un pronostic très positif. Une évaluation intellectuelle faite alors qu'il avait 6 ans permettait de confirmer la présence d'indices de potentiel intellectuel, malgré les retards observés à certaines échelles. Maintenant âgé de 11 ans, les évaluations ne permettent guère de retrouver ces indices de potentiel. La question est maintenant de savoir s'il s'est réellement « débilisé » ou si ces résultats ne sont que le reflet d'une forte inhibition intellectuelle qui pourrait être levée par une thérapie individuelle et par des entretiens mère-enfant. Sa mère reconnaît maintenant le mal causé à son fils par ses projections de l'image du père sur ce garçon non désiré et elle souhaite recevoir de l'aide, pour lui comme pour elle. Elle se dit prête à s'impliquer pour « réparer le passé ».

Un tel passé se répare difficilement. Les torts causés par la fragilité du lien mère-enfant en bas âge sont toujours considérables. La façon qu'a trouvée Francis de s'adapter à ce monde hostile a été de se laisser « mourir » vivant; les intervenants qui assumeront la prise en charge auront beaucoup de travail à faire pour qu'il puisse « revivre ». Le défi consiste maintenant à lui faire accepter que d'autres peuvent le trouver suffisamment « valable » pour faire un bout de chemin avec lui et le convaincre qu'il est « aimable ».

Apprendre, c'est s'attacher

Francis, comme Mathilda, n'est pas un enfant à qui il est facile de s'attacher. Il ne se laisse pas approcher. S'il le faisait, la première blessure narcissique serait alors constamment réouverte. Pour le moment, il vit un certain équilibre avec sa mère, mais un peu à la manière d'un handicapé mental, mal orienté dans une école où l'on traite les enfants ayant des troubles de comportement. Il est souvent laissé pour compte parce qu'il ne dérange pas, mais il continue à souffrir en silence des demandes incessantes du milieu scolaire. Il ne veut pas acquérir des connaissances liées à un monde dont il n'attend plus rien. Il n'a confiance ni en lui ni dans les autres.

Une psychanalyste française, Rosine Debray, explique que «…le goût à la vie passe par le goût pour penser et pour penser intelligemment*». Elle affirme aussi que le fait d'apprendre à penser peut parfois soigner la dépression alors que la dépression entraîne un ralentissement de la pensée. Il y a fort à parier que des interventions intensives auprès d'un enfant comme Francis permettraient une remise en marche de ses processus de pensée; pour envisager cette «réanimation cognitive», il faudrait que la relation établie avec lui soit stable et constante.

Ce type de problème est plutôt rare, mais nous avons choisi de l'illustrer afin de montrer à quel point l'apprentissage est intimement lié aux premières relations d'attachement. À un degré moindre, on peut constater chaque jour chez les enfants combien les troubles de l'attachement ont des répercussions sur leurs capacités à penser, à faire des liens et investir le monde de la connaissance. La dévalorisation que vivent plusieurs enfants à l'école est souvent due aux échecs qui ont jalonné leur parcours, mais elle est aussi parfois le fruit de ces manques vécus en bas âge, quand les parents étaient noyés par leurs problèmes personnels, empêchés en quelque sorte de s'occuper des besoins premiers de leurs enfants.

*Cité dans: KLEIN, Francine. *Apprendre à penser, apprendre à aimer.* Paris: Odile Jacob, 1991. p. 85

Conseils aux parents

- À défaut de pouvoir être suffisamment présent, offrir à l'enfant de courts moments de qualité plutôt que des périodes plus longues au cours desquelles la tension monte entre lui et le parent qui, faute de disponibilité réelle, n'a plus de temps ni d'espace intérieur à donner pour répondre aux besoins du petit.

- Introduire auprès de l'enfant une tierce personne qui a des chances de devenir significative à ses yeux. Une relation mal établie entre l'enfant et le parent peut être « réparée », du moins en partie, si l'enfant parvient à tisser des liens avec d'autres figures d'autorité auxquelles l'enfant aura le droit et la possibilité de s'attacher en autant qu'il y soit autorisé par ses parents (tuteur pour les devoirs, activités parascolaires, parents d'amis ou membres de la famille élargie). La constance de ce lien est souvent difficile à maintenir mais elle est fondamentale.

- Ne pas hésiter à consulter comme parents, puis pour l'enfant, si celui-ci a des problèmes à tisser des relations avec les autres enfants ou avec les adultes, à l'école et dans son entourage.

- Tenter de terminer chaque journée sur une bonne note en faisant l'effort d'identifier un moment de la journée qui a été positif, et prendre le temps de le dire à l'enfant. S'il ne ressent pas quotidiennement l'attachement sur lequel il pourra mieux construire sa personnalité, ces mots peuvent tout au moins permettre qu'il se sente « exister » pour ses parents, malgré tout ce qui se vit dans son contexte familial aussi problématique.

Chapitre 3

Confiance et autonomie

Pouvoir «appartenir»

L'enfant qui arrive à l'école après avoir déjà vécu avec ses parents des expériences de séparation qui se sont bien passées est nécessairement plus apte à investir ce nouveau milieu qui s'offre à lui. Ses parents aussi sont plus enclins à le laisser voler de ses propres ailes et à lui faire confiance. Parents et enfants ont développé un sentiment de sécurité assez fort pour faire confiance à l'école malgré le fait que, là comme ailleurs, rien n'est parfait.

L'enfant s'en va à l'école avec cette confiance en lui qui lui permet de se sentir en sécurité dans ce lieu où d'autres adultes deviendront pour lui des figures significatives et capables de rétablir le sentiment de sécurité quand celui-ci se trouvera ébranlé. Dans ce contexte, même les expériences moins faciles deviendront l'occasion pour l'enfant de parfaire ses sentiments de compétence et de sécurité, à condition évidemment qu'elles ne soient pas traumatisantes.

Ainsi, en trouvant une façon de régler un conflit avec un ami sans devoir recourir à ses parents mais en s'adressant plutôt directement à l'ami en question ou aux surveillants dans la cour d'école, l'enfant acquiert de nouvelles compétences qui l'aident à se sentir suffisamment en confiance pour être bien à l'école. Ce sentiment devient un filet de sécurité comme celui qui lui était offert antérieurement par ses parents. Si l'enfant parvient à l'intérioriser, ce filet deviendra au fil du temps une des forces sur lesquelles il pourra compter.

L'enfant apprend donc à évoluer à l'extérieur de la maison, en sachant qu'il peut aller chercher de l'aide au besoin. Ce nouvel espace devient un bain d'expériences enrichissantes dans la mesure où il sent qu'il y appartient à part entière. Il profite plus facilement de ce qui lui est offert, étant donné que son énergie n'est pas constamment utilisée à éviter les situations nouvelles ou les difficultés qui lui demanderaient de puiser dans ses capacités d'adaptation.

Sans cette confiance minimale en soi et en les autres, qui lui confère un sentiment de sécurité intérieure, l'enfant ne peut pas profiter de ce que l'école lui offre, s'exercer à utiliser ses nouvelles compétences, prendre des initiatives et se valoriser. Il ne peut que rester en marge et attendre que les journées passent sans rien investir, ni au plan social ni au plan scolaire. Rapidement, cet enfant accumule du retard, ce qui engendre une série de mesures plus exigeantes les unes que les autres, souvent sans que l'on ait identifié les aspects affectifs qui compliquent sa situation scolaire et qui limitent l'efficacité des interventions.

Avoir confiance et faire confiance

Pour apprendre, l'enfant a besoin d'un minimum de confiance en lui et en ceux qui l'entourent. Dans le cas contraire, il a de la difficulté à utiliser ses fonctions cognitives à cause de l'impact du stress sur ses capacités d'attention et, par conséquent, sur toutes ses autres facultés d'apprentissage.

Ainsi, même si l'écolier a des capacités intellectuelles normales ou supérieures, il n'arrive pas à s'en servir, faute d'attention. Il ne s'agit pas d'un déficit de l'attention, tel qu'on l'entend chez les enfants qui profitent des psychostimulants comme le Ritalin, mais bien d'une attention limitée à cause d'un excès de stress à l'école et à la maison.

Un enfant anxieux, qui manque de confiance en lui, a tendance à s'auto-distraire par un monologue intérieur auquel il est plus attentif qu'aux matières scolaires elles-mêmes. Il se parle à lui-même, il pense à ce qui l'inquiète, il appréhende la récréation, l'examen ou la déception de ses parents. Bref, il n'a pas suffisamment de place dans sa tête pour penser à autre chose qu'à ce qui l'inquiète. Dans cette perspective, il est clair que la confiance est à la base des capacités d'apprentissage de l'enfant et de sa possibilité de les utiliser à bon escient.

L'enfant qui a peine à faire confiance aux adultes ou qui n'a pas confiance en ses capacités a également plus de mal à se sentir bien à l'école, puisqu'il entretient toujours un doute sur tout, que ses difficultés soient objectives ou non. Il souffre de ce manque de confiance parce qu'il se dévalorise facilement et qu'il n'est pas en mesure d'aller chercher l'aide et le soutien dont il a souvent besoin pour se rassurer. D'autres le font, mais de manière excessive, en ce sens qu'ils ne courent jamais le risque d'essayer seuls. Comme les premiers, ils sont souvent passifs et dépendants des adultes qui acceptent de « faire à leur place » ; voilà ce qui engendre notamment les champs de bataille autour des devoirs à la maison. Ces enfants développent plus de confiance en eux une fois que leur entourage cesse de tout faire à leur place et de les surprotéger.

Par ailleurs, il arrive que l'écolier ne puisse pas devenir autonome tant qu'il n'a pas développé les habiletés nécessaires pour y parvenir. Par exemple, on ne peut pas demander à un enfant qui a des troubles spécifiques d'apprentissage d'être autonome sur tous les plans. On doit d'abord l'aider à développer des stratégies d'apprentissage compensatoires pour lui permettre d'acquérir une certaine autonomie intellectuelle, sans quoi il risque fort de s'accrocher encore un peu plus et de devenir de plus en plus anxieux, ce qui perturbera ensuite ses capacités de compenser quand l'aide requise lui sera offerte.

La confiance se développe de pair avec l'autonomie, mais celle-ci ne peut s'acquérir que si l'on met en place des moyens concrets pour que l'enfant puisse surmonter les défis qu'on lui présente. Dans cette perspective, les enseignants et les professionnels qui interviennent en milieu scolaire jouent un rôle essentiel ; ce sont eux qui peuvent faire de la réussite scolaire un objectif réalisable, en aidant l'enfant qui vit des difficultés scolaires à faire face aux attentes du milieu.

Apprivoiser le stress

Même si on prétend souvent que les enfants ne font plus rien à l'école de nos jours, le stress existe encore. On reconnaît que le stress peut avoir des effets bénéfiques sur le rendement scolaire mais, au-delà d'un certain seuil, il paralyse la faculté d'apprendre et de profiter des ressources. Pour toutes sortes de raisons, certains enfants vivent de hauts niveaux de stress à l'école, aujourd'hui comme hier.

Pour Noémie, c'est le contrôle du vendredi matin qui cause des maux de ventre. Même si elle a étudié deux heures la veille et fait ses devoirs au cours de la semaine, elle oublie tout lorsqu'elle se retrouve devant sa feuille. À la maison, elle sait sa leçon mais, à l'école, quand vient le temps de répondre, elle ne sait plus rien. Éric, lui, a des sueurs froides rien qu'à penser à l'attitude autoritaire de son enseignante et aux exigences de ses parents face aux résultats. Quant à Marianne, une petite de maternelle, elle craint qu'il arrive quelque chose à ses parents pendant qu'elle est à l'école.

Si les facteurs à l'origine de ce stress sont multiples, ses effets, eux, sont toujours les mêmes: difficultés de concentration, malaises physiques et baisse du rendement scolaire, d'où une aggravation du stress qui, dans les situations liées à la réussite scolaire, devient stress de performance. C'est un cercle vicieux!

Ce stress de performance n'est pas seulement l'apanage de ceux qui vivent des difficultés d'apprentissage. Les premiers de classe, qui doivent travailler fort pour le rester, finissent souvent par vivre eux aussi un niveau élevé d'anxiété. Le fait d'avoir gardé un certain temps une place de premier rend souvent intolérable l'idée d'être second. Cela est encore plus vrai chez ceux et celles qui n'ont pas d'autres endroits que la classe pour se valoriser et se sentir à la hauteur. Tout se passe comme si leur valeur ne s'exprimait qu'aux examens.

On considère que le stress est un moteur de réussite lorsqu'il est supportable et qu'il aide à relever un défi. Par contre, l'excès de stress empêche l'enfant d'avoir accès à son plein potentiel parce qu'il engendre des difficultés de concentration. L'enfant anxieux est distrait par une petite voix intérieure qui le met constamment en garde: « Il ne faut pas que tu oublies, il faut que tu réussisses, ne te trompe pas, concentre-toi, tu vas y arriver… » Tout au long de l'examen, l'enfant se répète ces messages, ce qui le pousse à faire des erreurs d'attention. Il arrive aussi qu'il vérifie plusieurs fois de suite ses réponses et qu'il finisse par manquer de temps. Il en résulte un état parfois proche de la panique, dont il se souviendra au test suivant, créant ainsi un stress encore plus élevé. Après avoir moins bien réussi qu'à l'habitude à un examen, un premier de classe voit parfois ses résultats chuter de façon spectaculaire à cause d'un tel processus.

On observe les mêmes réactions chez l'enfant qui éprouve des difficultés d'apprentissage. Il étudie durant des heures, plus que les autres bien souvent, pour des résultats médiocres, voire nuls. En voyant de nombreuses erreurs d'attention sur ses copies, l'enseignant alertera les parents qui répéteront sans cesse à leur enfant de mieux se concentrer aux examens. Croyant qu'ils ont raison, l'enfant se répétera aussi cette phrase tout au long du test: « Concentre-toi, concentre-toi. » En fait, il se concentre davantage sur cette phrase que sur ce qu'il a à faire. Le problème, c'est que si on lui a maintes fois demandé de mieux se concentrer, on ne lui a pas enseigné la manière de le faire.

L'attention est un geste volontaire qui gagne souvent à être posé consciemment, ce qui devient possible quand l'enfant a appris à poser les bons gestes mentaux. Pour assimiler correctement ce qu'il perçoit par ses sens, l'enfant doit d'abord décider d'éliminer le plus possible les sources de distraction qui nuisent à sa concentration, et ensuite choisir de se mettre dans la tête ce qu'il a vu, senti ou entendu, et enfin de faire exister ces objets même lorsqu'ils sont absents, c'est-à-dire en se les représentant mentalement. Pour aider l'enfant, on peut lui dire: « Regarde pour revoir dans ta tête » ou « Écoute pour réentendre dans ta tête », selon le style cognitif qu'il privilégie.

Ces techniques de « gestion mentale », proposées par Antoine de la Garanderie, sont de plus en plus utilisées par les orthopédagogues qui interviennent auprès des enfants en difficulté. Elles sont généralement favorables à une remise en train des habiletés cognitives de l'écolier. On l'invite ainsi à se représenter l'information mentalement, à se forger des évocations qui l'aideront à intégrer ses connaissances. À cette étape, on commet souvent l'erreur de ne pas laisser assez de temps à l'enfant. Or, il est indispensable qu'il fasse ce travail lui-même dans sa tête, avec ses propres mots et ses propres images. Plutôt que de donner la réponse à sa place, il faut attendre et amener l'enfant à regarder ou à entendre dans sa tête pour lui laisser le plus d'autonomie possible. Il est également important de ne pas lui demander de nous regarder, lorsqu'il réfléchit, à moins qu'il le fasse spontanément : si ses yeux sont mobiles, c'est le signe d'un vrai travail mental. En contrôlant les gestes mentaux qu'il doit poser pour apprendre, l'écolier parvient à faire face aux situations d'apprentissage qui, auparavant, soulevaient chez lui suffisamment de stress pour nuire à ses capacités d'attention et de concentration.

Plusieurs enfants qui commencent à éprouver des troubles d'apprentissage ou d'attention sont d'abord taxés de paresseux ou d'inattentifs, ce qui sous-entend souvent que l'école et les apprentissages scolaires ne les intéressent pas. Comme on ne leur propose souvent aucun moyen précis pour remédier au problème, ils pensent qu'ils sont fautifs et tentent tant bien que mal de mieux faire pour réussir, sans toutefois avoir des moyens efficaces pour y arriver, d'où une aggravation de l'anxiété et une nouvelle chute des capacités d'attention.

Il n'est pas rare d'observer de tels problèmes chez des enfants qui viennent consulter pour un déficit de l'attention. On constate bien souvent qu'ils ont de très bonnes capacités d'attention et de concentration dans toutes les épreuves cognitives qui ne ressemblent pas aux travaux scolaires, ce qui permet d'éliminer l'hypothèse de départ. Par contre, les problèmes d'attention sont présents dès qu'ils sont placés dans des situations s'apparentant à des activités scolaires. Chez certains enfants, la respiration se fait saccadée lorsqu'ils lisent un texte. Visage et cou se couvrent parfois de plaques rouges causées par le stress que suscite la tâche. Il est même arrivé qu'un enfant se mette à saigner du nez en pleine évaluation dès qu'il a dû lire, ce qui lui arrive parfois à la maison, mais étonnamment jamais le week-end ou lorsqu'il fait des mathématiques, matière où il est plus compétent.

Ainsi, les résultats de ce type d'évaluation permettent souvent de confirmer la présence d'un problème d'attention, lequel limite les habiletés de mémorisation. Par contre, il ne s'agit pas de déficit attentionnel d'étiologie organique, tel qu'on peut le voir chez les enfants qui répondent bien aux psychostimulants comme le Ritalin. Il s'agit cependant souvent d'un problème assez important pour empêcher un enfant qui a des troubles d'apprentissage de profiter pleinement d'une intervention spécialisée. Or, pour le résoudre ou en atténuer les effets, et défaire le cercle vicieux stress-échec-stress, il faut agir sur un tout autre plan, c'est-à-dire sur ce qui cause l'anxiété ou soit sur les moyens de mieux gérer le stress.

Tout seul... pas capable!

Martin est un élève compétent, mais peu autonome. Il ne pratique aucune activité parascolaire afin de consacrer tout son temps à ses devoirs. Bien qu'il ait 9 ans, sa mère reste à ses côtés pendant qu'il fait ses devoirs, et par la suite son père lui fait étudier ses leçons. Le jeudi soir, il est fin prêt pour le contrôle du lendemain. Il a bien écrit tous ses mots de vocabulaire et connaît ses tables de multiplication. Pourtant, il échoue à son contrôle. Que se passe-t-il donc ?

Les notions qu'il savait la veille semblent être restées à la maison. Martin a l'habitude de penser « à deux ». Il a besoin de quelqu'un à ses côtés pour lui dire *quoi* faire, *quand* le faire et *comment* le faire. Lorsqu'il arrive en classe, il est seul parmi tant d'autres et ne comprend pas les consignes, parce que personne n'est là pour les lui expliquer, ni pour le rassurer. Il ne sait pas faire revenir dans sa tête les mots étudiés la veille. Il n'ose pas demander à l'enseignante de ralentir le rythme de la dictée. Il n'a pas appris à demander puisque, à la maison, on sait ce dont il a besoin avant même qu'il le demande. Mais l'enseignante ne devine pas qu'il a manqué quelques mots ; il se met donc à écrire au son, sans réfléchir à sa leçon de la veille, pour être certain d'arriver à la fin en même temps que les autres. Réviser ? Il n'est pas assez autonome pour le faire. On a toujours corrigé ses erreurs plutôt que de lui suggérer de se relire et de vérifier lui-même.

Le manque d'autonomie autour de l'apprentissage, trop d'aide à la maison, la dépendance envers l'adulte qui organise, planifie, révise et corrige, voilà autant de facteurs qui contribuent à générer de l'anxiété parce qu'ils empêchent l'enfant d'acquérir le sentiment de compétence nécessaire à sa réussite. Il panique facilement à l'idée d'un contrôle parce qu'il se sent incapable de penser et de réussir seul. L'enjeu est d'autant plus important que tout le monde a consacré énormément de temps et d'efforts au travail à la maison. Les parents bienveillants sont doublement déçus du résultat médiocre de l'enfant, et celui-ci le sait bien : en fait, ce qu'il rapporte à la maison, c'est *leur* note. Souvent, ces parents craignent que soit mesurée leur compétence parentale par l'aide qu'ils apportent aux devoirs de l'enfant et ils considèrent son échec comme le leur. L'enfant voudrait rapporter des « cadeaux », mais il ne parvient qu'à un fiasco causé par le stress de devoir penser seul. Lorsqu'une telle situation se produit, il faut encourager l'enfant à se prendre en main au plan scolaire, à sa mesure évidemment, et à assumer peu à peu les responsabilités qui lui sont dévolues.

Grandir, c'est aussi devenir responsable

L'écolier prend ses responsabilités quand il s'assure d'avoir tous ses effets avant de quitter la maison pour l'école (vêtements d'éducation physique, papiers signés par les parents, sac d'école ou boîte à lunch), ou l'école pour la maison (agenda, livres et cahiers pour les devoirs, examens à faire signer). Il ne s'attend pas à ce qu'on ouvre son sac à sa place ou que l'on retourne à la maison ou à l'école pour aller lui chercher ce qui lui manque. Il prend aussi la responsabilité de lever la main en classe lorsqu'il est pertinent de le faire et de poser ses questions au professeur. Celui qui prend ses responsabilités à l'école a beaucoup plus de chances de réussir puisqu'il a du pouvoir sur ses apprentissages et sur sa scolarité en général. Il ne subit pas les choses passivement, mais il les prend en main de façon active. Ces enfants sont généralement heureux à l'école.

Qu'est-ce qui fait qu'un enfant ne développe pas cette habileté alors qu'un autre y arrive ? Bien sûr, cela dépend des différences individuelles et de l'éducation familiale. Par tempérament aussi, certains enfants sont plus fonceurs que d'autres, et plus ou moins actifs lorsqu'ils participent à une activité. En effet, les enfants s'adaptent généralement à leur milieu et celui dans lequel évolue chacun détermine souvent sa capacité de prendre ou non ses responsabilités. Or, si les parents vont toujours aux devants des besoins de leur enfant ou font à sa place ce qu'il serait en mesure de faire lui-même (même si c'est un peu plus long et un peu moins bien fait), ils ne lui permettent pas de développer son sens des responsabilités. C'est pourtant ce facteur qui est garant de l'autonomie et de la confiance nécessaires à la réussite scolaire.

Conseils aux parents et moyens pratiques

Le stress de performance, tel que nous l'avons décrit plus haut, est assez courant chez les enfants, à différents moments de la vie scolaire. Ce problème est complexe parce que les causes sont variées et souvent multiples. L'important, c'est de chercher des moyens concrets pour faire baisser l'anxiété au moment des évaluations et pour aider l'enfant à s'évaluer autrement que sur le seul plan de la réussite scolaire. Chacun (enfant, parents ou enseignant) doit tenter de voir comment il contribue à créer le problème et s'ajuster s'il y a lieu. Il existe différents moyens pour diminuer ce stress.

- Donner l'occasion à l'enfant d'avoir des activités variées pour qu'il se sente compétent ailleurs qu'à l'école.
- L'encourager le plus possible à s'organiser seul pour étudier et pour réfléchir.
- L'encourager à s'auto-évaluer en termes d'attitudes et de stratégies utilisées, tant à l'école qu'avec ses amis, et terminer votre échange en l'aidant à prévoir les attitudes et stratégies à privilégier devant une situation stressante.
- Lui donner diverses responsabilités pour qu'il comprenne qu'il est utile et capable dans différents domaines.

- Valoriser ses démarches, ses initiatives et ses efforts au même titre que ses résultats scolaires.
- Quand l'enfant anxieux a un petit frère ou une petite sœur qui risque à certains moments de le dépasser, lui faire reconnaître les forces et les faiblesses particulières de chacun.
- Ne pas laisser l'enfant consacrer plus de temps aux devoirs et aux leçons que le temps demandé par l'enseignant. Si cette durée n'est jamais suffisante, il ne faut pas obliger l'enfant à travailler plus longtemps, ce qui est souvent inutile et ne fait que le braquer. Il vaut mieux faire *autrement* plutôt que de faire *plus*.
- Lorsque nécessaire, enseigner à l'enfant des stratégies différentes de celles qu'il utilise habituellement et insister sur sa responsabilité face à ses devoirs. Ces mesures sont souvent plus efficaces que de longues heures d'acharnement. En reprenant un certain pouvoir sur ses facultés d'apprentissage, l'enfant reprend confiance en lui et éprouve moins de stress par rapport à l'école. Par exemple, quand l'enfant étudie ses mots de vocabulaire, l'encourager à les revoir, à les redire dans sa tête et à les écrire en s'imaginant le faire à la dictée en classe.
- Éviter de mettre l'accent sur les résultats scolaires de l'enfant. Lui proposer des activités qui exigent les mêmes habiletés que celles requises à l'école, mais sous des formes différentes et variées. Ainsi, on peut l'inciter à mémoriser des numéros de téléphone, des chansons, des poèmes, des listes d'achats, pour s'en

servir ultérieurement. Les jeux de règles (éducatifs) permettent aussi généralement à l'enfant d'exercer ses nouvelles compétences tout en y trouvant du plaisir et plus de confiance en lui.

- Lui apprendre certaines techniques de relaxation qui peuvent l'aider réellement quand il vit beaucoup de stress au moment des évaluations.
- Utiliser l'humour pour désamorcer et dédramatiser des situations où la tension devient trop forte.
- Que le stress soit causé par des facteurs strictement scolaires ou non, en discuter avec les personnes qui ont la charge de l'enfant à l'école pour tenter de trouver des solutions.
- S'il est difficile de savoir ce qui l'inquiète à l'école, lui demander de dessiner ce qui se passe. Il ne s'agit pas ici d'interpréter ou de juger ses dessins, mais de lui offrir un moyen d'exprimer ce qu'il vit.
- Tenter d'imaginer avec l'enfant le plus de solutions possibles face à une situation stressante, des plus sérieuses aux plus farfelues. Il pourra ensuite choisir laquelle il veut essayer le lendemain. L'humour permet souvent de dédramatiser des situations qui paraissent inextricables.
- Éviter de laisser le problème s'éterniser. Il faut tenter de supprimer ou, tout au moins, de limiter les facteurs qui ont engendré ce problème ; sinon, il ne fera que s'aggraver.
- Enfin, ne pas hésiter à consulter au besoin.

Deuxième Partie

VIE FAMILIALE ET APPRENTISSAGE

CHAPITRE 4

QUAND LE « MAL D'ÉCOLE » S'INSCRIT DANS LA FAMILLE

L'attachement, la sécurité, l'autonomie, la confiance en soi et en les autres sont des facteurs qui influencent positivement les habiletés scolaires des enfants. Ces aspects du développement se construisent au fil des expériences vécues dans le milieu scolaire et familial. Au-delà des traits de personnalité que chacun acquiert au cours de son développement, la place même de l'enfant au sein du système familial dans lequel il évolue « colore » sa manière de s'engager à l'école et de s'y épanouir ou non. Dans un ouvrage récent, Michel Lemay*, pédopsychiatre, traite de façon exhaustive de la contribution de la famille au développement de l'enfant, se demandant notamment ce que les différentes situations familiales qui existent à l'heure actuelle (familles « fissurées », familles dites monoparentales, familles reconstituées, familles composées de deux parents du même sexe) apportent à l'enfant.

Certaines particularités du milieu familial peuvent faire que l'enfant est plus ou moins en mesure de profiter de ce lieu d'expériences qu'est l'école. Différents problèmes scolaires prennent racine dans la dynamique familiale où

*LEMAY, Michel, *Famille, qu'apportes-tu à l'enfant?* Montréal: Éditions de l'Hôpital Sainte-Justine, 2001.

évolue l'enfant. Les valeurs qui y sont véhiculées, la cohérence des parents dans leurs attitudes éducatives et la place de l'enfant dans la fratrie sont des facteurs qui influencent l'adaptation de l'enfant à l'école.

Il est étonnant d'observer dans les familles des situations où le deuxième enfant est manifestement moins intéressé par les apprentissages à l'école que l'aîné qui, lui, est un premier de classe. L'inverse est aussi difficile à vivre. En effet, il arrive que ce deuxième enfant, lorsqu'il apprend plus vite que l'aîné et le rattrape au cours de la scolarité, ait du mal à accepter de le dépasser.

Pour expliquer la première situation, il faut savoir que les enfants ont tendance et avantage à se distinguer les uns des autres pour « gagner l'attention » de leurs parents. Or, pourquoi le deuxième enfant choisirait-il le terrain scolaire où le premier excelle déjà pour attirer l'attention ? Les enfants qui se suivent en âge se distinguent souvent les uns des autres en développant des compétences différentes. Il n'est donc pas rare de constater dans une famille que le premier enfant excelle à l'école alors que le deuxième réussit dans les sports ou les arts et que le troisième est en mesure de réussir à l'école ou dans tout autre domaine qui le distinguera des autres. Ce qui compte, c'est que chacun ait le sentiment d'avoir une compétence certaine dans un domaine qui compte aux yeux des parents.

En ce qui a trait à la deuxième situation, il faut savoir que la loyauté qui existe entre frères et sœurs peut engendrer des malaises si importants que le deuxième peut se mettre à « sous-performer » parce que, le plus souvent inconsciemment, il ne tolère pas l'idée de dépasser l'aîné.

L'équilibre familial est aussi construit sur des rôles, sur des « missions » que chacun se donne, au prix parfois de problèmes de développement chez l'un ou chez plusieurs des membres de la famille. Cela engendre des « maux d'école » suffisamment courants pour qu'on les illustre ici à l'aide de quelques exemples. Les premiers concernent les valeurs de la famille qui ont un impact sur l'école et les seconds ont trait à la permission que chacun se donne d'actualiser son potentiel et ce, malgré des contextes familiaux qui ont parfois tendance à freiner la réussite scolaire.

Une réflexion sur les « nouvelles familles » apparues au cours des dernières années s'impose en premier lieu. Elles ont amené à l'école des enfants aux profils forts différents d'autrefois.

Les « nouvelles familles »

Depuis une trentaine d'années, la famille a connu de grandes transformations qui ont un effet certain sur le développement psychologique de l'enfant. La situation de la famille est devenue plus précaire, les valeurs et les préoccupations individuelles de chacun ont pris la première place dans de nombreux foyers. Ont été mises de côté dans bien des cas les valeurs familiales traditionnelles, autrefois institutionnalisées. Tous ces changements ont entraîné de nouvelles dynamiques familiales qui influencent le comportement des enfants.

Toutes les générations ont eu leur lot d'enfants en difficulté ; mais celle de l'an 2000 s'illustre malheureusement par une recrudescence des troubles de comportement et d'adaptation scolaire. Plusieurs facteurs contribuent à cette situation ; l'un d'eux concerne la place même de l'enfant au sein de sa famille.

Les familles éclatent presque autant qu'elles se fondent, fragilisant ainsi le réseau relationnel de l'enfant. La séparation des parents et la recomposition familiale subséquente ont des impacts importants sur le développement des enfants, mais au-delà de ce phénomène, ce sont les rapports eux-mêmes des parents avec leurs enfants qui ont considérablement changé, avantageusement sous certains aspects et beaucoup moins sur d'autres. L'éclatement des familles et leurs conséquences sur les enfants ont un rôle à jouer dans ce que nous appelons les « nouveaux enfants », pour reprendre l'expression du pédopsychiatre français Lazartigues qui a fait part de ces réflexions sur le sujet dans un article dont nous nous inspirons pour discuter de cet aspect des problèmes scolaires*.

Séparations parentales et recompositions familiales

Les enfants de parents séparés ne sont pas nécessairement plus mal dans leur peau une fois la crise passée, pas plus qu'ils ne présentent automatiquement de problèmes à l'école. Si une majorité d'entre eux s'adapte bien à la séparation des parents, certains par contre en subissent lourdement les conséquences, pas tant à cause de la séparation elle-même qu'à cause des changements que celle-ci leur impose. En effet, la séparation entraîne en général de grands bouleversements dans la vie des enfants. Ceux-ci doivent traverser la crise avec des parents qui sont eux-mêmes en pleine crise et, conséquemment, moins patients et moins disponibles sur tous les plans. Les enfants sont plus anxieux et plus inquiets parce qu'ils essaient de comprendre ce que, très souvent, ils ne sont pas en mesure de comprendre et ils doivent faire le deuil de la famille « d'avant ». Ils vont vers l'inconnu, ils le savent, mais ils ne connaissent pas encore leurs nouveaux paramètres de vie.

---

* LAZARTIGUES, A. « La famille contemporaine "fait-elle" de nouveaux enfants ? » *Neuropsychiatrie de l'enfance et de l'adolescence.* 2001 ; 49 : 264-76.

Pendant la période de séparation comme telle, les enfants vivent plus de stress et deviennent très attentifs aux chicanes entre leurs parents. Leur sentiment de sécurité diminue et cela a généralement un impact sur leurs habiletés de socialisation et d'apprentissage même si, par la suite, la plupart d'entre eux s'adaptent assez bien à la nouvelle situation.

Une fois la crise passée, les enfants continuent tout de même à vivre toute une gamme d'émotions à l'égard de leurs parents, ce qui les rend souvent moins disponibles à l'école. Ils accumulent parfois des retards qui minent leur confiance en eux et même leur motivation, si la ronde des échecs scolaires se met en branle. Cette période de pertes et de deuils les oblige à s'adapter continuellement, ce qui leur demande beaucoup d'énergie et les rend moins disponibles pour apprendre.

La séparation des parents change la place de l'enfant au sein de sa famille, particulièrement lorsque celle-ci se recompose avec les enfants d'un nouveau conjoint, de la « nouvelle famille ». Ainsi, un enfant unique devient d'un seul coup le troisième d'une fratrie de quatre ou le souffre-douleur du « fils de l'autre », qui a lui-même des problèmes d'adaptation, voire de comportement. Un petit frère ou une petite sœur peut également naître de la nouvelle union ; cet enfant restera toujours avec *sa* mère (ses parents), alors que lui quittera régulièrement celle-ci pour aller à l'école ou chez son père, laissant alors tout le terrain au nouvel arrivé. Tous les scénarios sont possibles et ils ont plus ou moins d'impact sur l'enfant, selon l'ensemble de la situation. Ici comme ailleurs, pour résoudre les problèmes et comprendre les mécanismes adaptatifs, il faut élargir la perspective à un ensemble de facteurs, dont ceux qui concernent la place de l'enfant au sein de la famille.

Les petits doivent alors « dé-idéaliser » leurs parents, c'est-à-dire reconnaître que ceux-ci ne sont pas aussi parfaits qu'ils l'avaient cru au cours de la petite enfance. Cette désillusion qui survient habituellement à l'adolescence est ici devancée par la séparation des parents, et contribue à réduire les capacités d'adaptation des enfants. Cet aspect de la relation parents-enfants (idéalisation des parents) contribue au développement du sentiment de sécurité et facilite l'intégration des règles ; mais celui qui en est privé trop tôt a ensuite du mal à respecter l'autorité et donc à se conformer au système dans lequel il évolue. Cette perte de repères internes est l'une des facettes les plus lourdes de la séparation, sans compter que, dans une famille sur deux, les contacts avec le père diminuent considérablement, ce qui n'est pas sans conséquences sur les enfants, particulièrement pour les garçons qui se retrouvent seuls avec leur mère dans le rôle de « remplaçant symbolique » du conjoint.

Nouveaux rapports parents-enfants

Certains parents ont aujourd'hui tendance à niveler leurs rapports avec leurs enfants, et cela est particulièrement manifeste dans les familles où la séparation a entraîné la « quasi-perte » de l'un des deux parents (du père, généralement). Dans les foyers où la charge de l'enfant revient en totalité ou presque à l'un des parents, nous observons une tendance à traiter l'enfant d'égal à égal et à chercher à compenser pour l'absence de l'autre, en faisant tout pour éviter les conflits. On nie ainsi le rapport d'autorité, qui est pourtant normal, sain et sécurisant pour l'enfant parce qu'il établit clairement les attentes et les limites. Les parents d'aujourd'hui constituent en effet la première génération qui a subi ces transformations observées dans la famille et qui en vit les conséquences; d'où bien souvent ce nivellement du rapport parents-enfants. Les enfants ont autant besoin de parents qui assument leur rôle qu'ils ont besoin d'amis et, en ce sens, ils ne retirent aucun profit de la confusion semée par la relation ami-ami qui se dessine parfois dans les rapports parents-enfants.

Une certaine autorité doit exister entre parents et enfants, parce que les balises sont nécessaires et sécurisantes pour celui qui apprend. Autorité ne veut pas dire abus de pouvoir, mais plutôt règles claires, cohérentes et constantes. Pour certains, ce type de rapports non égalitaires est difficile à instituer au sein de la famille parce qu'ils ont eux-mêmes souffert de parents qui les contrôlaient, ou même qui les étouffaient. Mais il faut rappeler que l'enfant n'est ni l'ami ni l'égal ou le « conjoint » de l'un de ses parents.

Les parents dont l'identité a été fragilisée par la rupture du couple et par les conditions dans lesquelles celle-ci s'est produite ont parfois recours à leur propre enfant comme soutien affectif, ce qui modifie les rôles qui leur étaient auparavant dévolus dans la famille intacte. Or, ce renversement des rôles fait grandir trop vite les enfants, ce qui a des conséquences nuisibles, comme une certaine pseudo-maturité par exemple.

L'enfant, privé de ce type de rapport d'autorité, devient parfois l'ami du parent, son confident, mais aussi éventuellement son « bourreau » à cause de son intolérance aux frustrations. Le consensus recherché pour éviter les conflits nivelle les relations. Tous les rapports de l'enfant avec l'autorité risquent par la suite de se compliquer puisqu'il ne les vit pas chez lui. Libre et roi à la maison, pourquoi écouterait-il à l'école ?

Pour s'adapter à ces situations familiales stressantes, les enfants mettent en place des systèmes de défense forts diversifiés. C'est pourquoi une même situation, par exemple une séparation, peut avoir des conséquences aussi différentes dans le développement socio-affectif des uns et des autres. Ainsi on verra, dans une même famille, un aîné ayant grandi trop vite et devenu un « petit adulte» tranquille, suivi d'un cadet tyran qui, trouvant en ce grand frère « intouchable » une cible parfaite, prend la place du père absent qui était sans doute aussi tyrannique avant son départ.

Styles éducatifs et compétence parentale

Il existe autant de styles de parents que de types de personnalités. Ainsi, on repère assez rapidement ceux qui négligent et ceux qui en font trop. Entre les deux, une pléiade de styles éducatifs où l'histoire de chacun a une influence plus ou moins favorable sur le développement de l'enfant. Les parents sont eux-mêmes des enfants qui ont grandi avec leur personnalité. Eux aussi sont le fruit de leur histoire, plus compliquée pour certains que pour d'autres. Les parents compensent ou répètent leur histoire, souvent sans s'en rendre compte.

Dans cette perspective, on observe de génération en génération la transmission de modèles parentaux. On peut donner en exemple les « mères araignées » ou surprotectrices, celles qui vont jusqu'à régir le monde interne de leur progéniture, parce que le père n'a pas pu ou su prendre sa place dans cette relation trop proche entre la mère et l'enfant.

L'inverse est également vrai. De l'autorité à la domination du père, il n'y a qu'un pas, celui qui fait des ravages. On connaît les conséquences négatives, particulièrement sur les filles, d'avoir été éduquées par un père misogyne qui méprise sa femme et l'invalide aux yeux de l'enfant. Ces enfants sont soumises, immatures et souvent déprimées, ayant de la difficulté à trouver leur place à l'école. Quant aux garçons élevés dans un tel contexte, ils développent du mépris pour la femme ; pour la mère d'abord, qui ne sait pas se faire respecter en tant que « porteuse de repères valables » et en tant que responsable de l'éducation de son fils, mais aussi pour l'enseignante. Cela se produit notamment quand l'un des deux parents souffre de problèmes mentaux et que, pour cette raison, l'autre doit prendre en main l'éducation des enfants, invalidant — parfois par nécessité — la compétence parentale du premier.

Ces différentes structures familiales et la précarité des attachements qui s'y développent ont des conséquences évidentes sur la personnalité des enfants. Certains s'en sortent mieux que d'autres et s'adaptent parfois, malgré des contextes familiaux particulièrement difficiles, tout comme on le voit chez ceux qui ont subi de réels traumatismes de l'enfance. C'est ce qu'on appelle la « résilience ».

Ces enfants aux contextes familiaux difficiles sont en décalage avec leurs compagnons dans leurs habiletés relationnelles et souvent aussi dans leur disponibilité à apprendre. Ils sont facilement distraits parce qu'ils s'inquiètent de ce qui se passe à la maison en leur absence. De plus, leur désir d'apprendre a souvent été écrasé par un environnement familial peu favorable à l'apprentissage scolaire. Ces enfants présentent alors des retards dans le développement de leurs habiletés cognitives et de leurs connaissances, entre autres parce que leurs parents étaient moins disponibles, compte tenu de leurs problèmes. Les enfants arrivent donc à l'école très mal préparés.

Au sein de ces familles en difficulté, le langage est parfois désinvesti au point qu'on ne prend plus le temps de discuter, de se parler. Cette situation, tout comme celle qui découle de l'absence de routines permettant de développer des repères stables, réduit le système de défense des enfants à des modalités archaïques (dont l'agir et le déni), parce qu'ils ont moins accès aux mots et aux règles pour exprimer et gérer leur monde intérieur.

Ces changements au sein des familles ont des répercussions sur le développement des enfants, ce qui nous amène à observer des problèmes « nouveaux » dans les écoles, problèmes difficiles à comprendre pour les enseignants et les parents des générations antérieures. La compétence parentale est plus que jamais remise en question dans ces situations auxquelles sont parfois exposés les enfants. Quant aux services spécialisés offerts à l'école, ils ne sont disponibles que dans les cas extrêmes, souvent quand la situation est sans issue et qu'il est trop tard pour intervenir autrement que dans un mode d'urgence.

Nouvelles personnalités d'enfants

Les enfants qui aujourd'hui sont en difficulté à l'école présentent plus que jamais des troubles de comportement, d'attention et d'adaptation. Généralement, ils tolèrent mal la frustration tout comme les délais qu'on leur impose dans la satisfaction de leurs désirs. Pour eux, seul compte le moment présent, et ils ont du mal à anticiper et à se projeter dans l'avenir sauf, parfois, avec une pensée un peu magique qui leur permet de nier et de garder espoir.

Bien souvent, le principe de plaisir prime dans leur vie, au détriment du principe de réalité, des règles sociales et familiales et, dirions-nous également, orthographiques. Les problèmes de comportement et d'adaptation qui s'ensuivent à l'école se présentent sous la forme de défiance ou d'agressivité, envers soi comme envers les autres. On observe aussi fréquemment des mécanismes obsessionnels mis en place pour contrer l'anxiété. Ces comportements ritualisés emprisonnent l'enfant dans la répétition compulsive de gestes qui lui donnent le sentiment d'avoir un certain contrôle sur son environnement, mais limitent ses capacités d'attention.

Pour leur part, certains enfants développent des mécanismes d'opposition passive pour se soustraire aux exigences de l'environnement tout en évitant de s'affirmer et de s'opposer ouvertement. L'enfant qui s'oppose ainsi travaille plus lentement, demeure dépendant des adultes face à ses tâches, irritant ainsi ceux qui tentent de lui venir en aide. Sa colère, qui s'exprime sous la forme de résistance passive, finit par se retourner contre lui. En effet, cette mise en jeu de multiples conduites d'évitement face aux responsabilités et aux conséquences qu'il devrait assumer, à l'école comme à la maison, attise la colère réelle des parents et des enseignants qui voient dans ces attitudes une fin de non-recevoir, alors qu'ils s'évertuent à tenter de l'aider. On le dit « passif-agressif » parce que ses mécanismes oppositionnels et son agressivité s'expriment par de la résistance plutôt que par des troubles de comportement proprement dits.

D'autres problèmes surviennent aussi plus fréquemment et sont davantage mis en lumière depuis qu'on observe ces changements dans les structures familiales et dans les nouveaux rapports parents-enfants. En voici quelques-uns :

- agitation et problèmes d'attention (parfois confondus avec des problèmes de motivation ou de dépression) ;
- personnalités anxieuses (manque de sécurité intérieure) ;
- inhibition ;
- narcissisme (s'intéresser à l'autre pour son utilité propre) ;
- dévalorisation (peu de sentiment de compétence) ;

- dépendance à l'adulte ou hyperindépendance ;
- peu d'intériorisation et d'introspection (faute parfois d'investissement du langage qui ne peut alors agir comme outil d'autorégulation) ;
- excès de peurs et de culpabilité ;
- absence de peurs et de culpabilité (d'où la difficulté à intérioriser les interdits, à contrôler les comportements et l'impulsivité, et d'où l'intolérance à la frustration et les problèmes dans les relations sociales) ;
- pauvreté de la vie imaginaire et de la créativité ;
- exacerbation du monde imaginaire devenu « refuge » pour se soustraire à trop de tensions dans l'entourage immédiat ou, au contraire, à un trop grand vide relationnel ;
- dysharmonies dans le développement, certaines sphères demeurant immatures alors que les autres évoluent normalement ;
- immaturité et grande dépendance à l'environnement ;
- « petits adultes » hyperintellectualisés, mais malhabiles physiquement et socialement ;
- recherche de stimulations intenses (au point que le quotidien « ordinaire » est désinvesti).

Ces personnalités d'enfants sont légion dans les services de pédopsychiatrie. Mais il y a des signes précurseurs (voir Les signes du « mal d'école » en page 146) qui, s'ils étaient reconnus à temps, permettraient d'éviter que la situation ne se complique au fil des ans. Déjà à la maison, les parents peuvent faire beaucoup pour sécuriser les enfants et les accompagner, en leur donnant des repères stables. La discipline, vécue dans le respect de chacun, est reconnue dans tous les milieux d'éducation comme valeur organisatrice de repères intérieurs et sociaux des enfants, repères qui les aident à s'adapter au monde qui les attend.

CHAPITRE 5

LES LIMITES NÉCESSAIRES

La discipline: aimer sans tout permettre

Étienne a 9 ans. Il vient d'être suspendu de l'école pour la troisième fois cette année et ses parents sont convoqués à une rencontre avec le directeur et l'enseignant. Cette fois, c'est sérieux. À bout de moyens, les intervenants scolaires recommandent qu'il passe dans la classe destinée aux enfants ayant des troubles de comportement. C'est la classe des « tannants », tant redoutée de tous !

Malgré les nombreuses interventions faites à l'école et auprès de ses parents, Étienne refuse toute forme d'autorité, qu'il s'agisse du règlement de l'école ou de simples règles d'orthographe. À l'écrit, il ne voit pas l'utilité de mettre des majuscules au début des phrases ou de faire des accords grammaticaux. Pourquoi le ferait-il puisque, dit-il, tout le monde comprend quand même ce qu'il écrit. D'ailleurs, ajoute-t-il, personne ne peut le forcer parce que c'est « sa vie à lui » !

Étienne n'est pas bien dans sa peau. Malgré une intelligence nettement supérieure à la moyenne des enfants de son âge, il accumule des retards scolaires, mais refuse l'aide en orthopédagogie parce que, dit-il, « l'ortho » veut lui dire quoi faire. De plus, il souffre davantage du rejet de ses compagnons que de ses mauvaises notes. En effet, Étienne n'a pas d'amis parce qu'il cherche toujours à décider de tout, menace les autres ou fait des crises de colère comme celle qui lui a valu sa dernière exclusion temporaire, suivie du verdict : la classe des TC (troubles de comportement) !

Scandalisés à l'idée que leur fils, « incompris du système scolaire », se retrouve avec des enfants ayant des troubles de comportement, les parents d'Étienne s'opposent à la décision et commencent à chercher un autre établissement scolaire. Et l'histoire se répète. Désireux de se faire une place dans sa nouvelle école, mais tout aussi maladroit pour y arriver, Étienne se montre vite impertinent avec son nouveau professeur, cherchant à s'assurer une liberté d'action qu'il pose comme condition première pour « accepter » de fréquenter l'école. En peu de temps, l'admiration que lui vouaient ses compagnons, impressionnés par son courage apparent, se transforme en indifférence, puis en une intolérance grandissante. Étienne se retrouve à nouveau seul et prisonnier de son image, qui ressemble finalement à une armure. Rien ne semble l'atteindre, et pourtant...

À la maison, Étienne pleure souvent. Ses parents s'inquiètent de certains de ses propos. Il dit qu'il aimerait mieux ne pas exister, que personne ne l'aime et que, de toute façon, tout le monde serait bien content qu'il disparaisse. Selon sa mère, c'est l'école et l'excès de rigidité des enseignants qui sont responsables de cette détresse. Elle pense aussi avoir beaucoup fait pour aider son fils, tout en le défendant constamment contre ce qu'elle considère comme les aberrations du système scolaire. Le père d'Étienne, pour sa part, très fier de la force de caractère de son fils unique, n'a jamais vu la nécessité de lui imposer des limites, puisqu'il estime que l'école s'en charge déjà très largement. De toute manière, il n'a rien à lui reprocher à la maison, puisque la famille est organisée de telle façon qu'Étienne a une liberté d'action presque complète. On peut véritablement dire qu'il a un rôle d'enfant-roi, rôle qu'il aime jouer à la maison mais qu'il perd dès qu'il met le pied dehors, d'où le profond sentiment d'injustice et de rejet qu'il ressent à l'école.

L'histoire d'Étienne s'apparente à celle de tous les enfants auxquels les parents témoignent leur amour en ne leur fixant pratiquement aucune limite. Quelquefois, ils trouvent même plus facile d'organiser la vie familiale autour des seuls besoins et désirs de l'enfant. Bien que les parents d'Étienne estiment qu'il a parfois une attitude un peu tyrannique à leur égard, ni l'un ni l'autre ne s'en formalisent : c'est leur seul enfant et ils comprennent bien tout ce qu'il doit subir à longueur de journée. En fait, depuis qu'il est entré à l'école, ils lui accordent encore plus de liberté pour compenser ses nombreuses frustrations. En tentant de le protéger contre ce qu'ils perçoivent comme des agressions, ils ne lui ont pas permis de s'adapter au milieu scolaire, ni de s'attacher à un lieu où il aurait pourtant pu s'épanouir.

Le point de vue d'Étienne

Étienne se moque totalement de ses résultats scolaires. L'école n'est à ses yeux qu'un lieu où il se sent mal à l'aise et un système auquel il refuse de se conformer. La seule chose qui l'intéresse, c'est d'être accepté dans son groupe. En changeant d'école, il pensait pouvoir se refaire une image mais, comme il a cherché une fois de plus à tout contrôler, il n'a réussi qu'à recréer la même situation. Il se retrouve donc face à l'image négative qu'il a de lui-même. Étienne a maintenant la conviction que ce monde extérieur, l'école, n'existe que pour brimer les enfants. Il ne peut comprendre que d'autres y trouvent une certaine satisfaction, voire du plaisir.

En s'opposant systématiquement à l'autorité, il pense rallier les siens à sa cause et les convaincre qu'il n'est pas une « lavette » ; il espère ainsi devenir celui qu'on admire pour sa force de caractère, comme le fait son père. Or, si Étienne arrivait à trouver une activité qui l'intéresse vraiment et qui lui donne le sentiment d'être compétent, il pourrait s'y engager réellement et avoir ainsi l'occasion d'établir des relations intéressantes et significatives avec les enfants et les adultes : il découvrirait aussi qu'il est possible d'avoir du plaisir en groupe, même si on doit respecter les règles qui régissent l'activité elle-même. Avec un peu de chance et de confiance mutuelle entre les représentants de l'école et la famille, cette nouvelle perception pourrait se transférer au cadre scolaire. Cela est possible, à condition qu'on lui donne aussi les moyens d'y acquérir une certaine compétence.

Le point de vue des parents

Pour les parents d'Étienne, l'école ne peut pas intéresser leur fils, pas plus qu'elle ne les a intéressés, eux, quand ils étaient écoliers. Ils estiment avoir déjà fourni de gros efforts pour que leur fils soit heureux, un investissement que, jour après jour, ils craignent de voir anéanti par l'injustice dont l'enfant est présumément victime à l'école. Selon eux, on reproche constamment à l'enfant des comportements qui sont attribuables à d'autres. En total désaccord avec les intervenants scolaires, ils ne peuvent donc appuyer ces derniers qui s'efforcent pourtant d'offrir à Étienne l'encadrement dont il aurait besoin. Quand, croyant aider leur fils, ces parents défont systématiquement les interventions de l'école et dénigrent le système dans son ensemble, ils l'empêchent en réalité de trouver de la satisfaction dans ce milieu et ils laissent entendre implicitement qu'ils sont les seuls à pouvoir le rendre heureux.

Sans s'en rendre compte, les parents d'Étienne projettent sur lui les déceptions qu'ils ont eux-mêmes vécues à l'école. Dans ces conditions, le problème ne peut être résolu malgré le changement d'école. Les parents d'Étienne devraient comprendre que, s'ils sont devenus ce qu'ils sont, c'est aussi grâce aux embûches qu'ils ont surmontées au cours de leur vie ! Cela leur a permis d'apprendre à vivre en société et à faire face à l'adversité. En ce sens, s'ils aidaient leur fils à se soumettre aux exigences et aux règles scolaires, même s'ils ne sont pas toujours d'accord, tous les trois en tireraient profit. En effet, de cette manière, ils lui laisseraient entendre que même si ce milieu n'est pas parfait, l'enfant peut y apprendre et y vivre des choses intéressantes et profitables à long terme.

Le point de vue des intervenants

En raison de ses nombreux comportements d'opposition à l'école, la tolérance des adultes vis-à-vis d'Étienne diminue considérablement, le moindre de ses écarts finissant par être sanctionné. Comme la souffrance d'Étienne est presque invisible sous son armure de « dur à cuire », les intervenants ne lui proposent plus de moyens, convaincus à l'avance qu'il n'en profitera pas, alors que d'autres en tireraient profit. Pourtant, grâce à une relation significative avec un adulte qui entendrait sa souffrance tout en l'aidant à trouver des moyens de s'en sortir, Étienne s'apercevrait sûrement que, pour lui comme pour les autres, l'école peut être intéressante. Pour ce faire, les intervenants scolaires devraient pouvoir compter sur l'appui des parents, même minime, et établir ainsi une relation de confiance entre eux, l'enfant et sa famille. Sinon, toutes les démarches sont inévitablement vouées à l'échec, et Étienne risque fortement de décrocher de l'école dès qu'il aura atteint l'âge limite de la fréquentation obligatoire. Il sortira alors de là meurtri par un passé d'échecs et d'affrontements, sans avoir pu en profiter pour acquérir une certaine compétence, à la fois sur le plan social et sur le plan des connaissances. Ce sentiment est pourtant essentiel pour lui permettre de devenir un adulte autonome, responsable et équilibré.

* * *

L'histoire d'Étienne est un exemple de mauvais départ dans la vie, puisqu'elle est placée sous le signe de la méfiance, de l'hostilité et de l'inadaptation sociale... parce qu'on n'aura pas osé l'aimer sans tout lui permettre. Pour encadrer un enfant, il faut fixer un certain nombre de limites, à l'intérieur desquelles il se construit. Ces limites sont rassurantes et lui transmettent des valeurs déterminantes pour acquérir des habiletés et pour vivre heureux avec les autres.

L'enfant doit comprendre que sa liberté s'arrête là où commence celle des autres, et la respecter. C'est d'abord aux parents de le lui apprendre ; l'école pourra poursuivre dans la même direction. Il est aussi important de donner à l'enfant des responsabilités à sa mesure : on lui dit ainsi qu'il peut être utile au bon fonctionnement de la famille et que l'on peut compter sur lui, tout comme lui peut compter sur nous. Enfin, lui faire assumer les conséquences de ses actes, c'est réaffirmer la direction qu'on veut le voir suivre, à l'intérieur des limites qui lui sont imposées à la maison, à l'école et dans la société. Ces limites, respectées de tous, permettent de tendre vers une société où le respect de chacun est garant de notre propre équilibre. La discipline, c'est-à-dire notamment l'imposition d'un minimum de règles, est nécessaire au développement de l'enfant dans la mesure où elle ne devient pas abus d'autorité. En général, les parents savent éviter ce piège.

CHAPITRE 6

LE DROIT À LA RÉUSSITE : PAS TOUJOURS FACILE

Il arrive que les enfants eux-mêmes, généralement de manière inconsciente, ne se donnent pas le droit de réussir à l'école. En effet, pour certains, le seul fait d'être « capable » d'apprendre est difficile à assumer, compte tenu des enjeux relationnels que cela représente dans l'équilibre émotionnel de la famille. Ces enfants, qui présentent pourtant des capacités intellectuelles normales ou supérieures, vivent à l'école des échecs répétitifs. Ils ne démontrent ni intérêt ni curiosité intellectuelle pour ce qui est enseigné, alors que les tests effectués ne permettent de déceler chez eux aucun déficit cognitif. Ces enfants ont compris très tôt le tort qu'ils pourraient causer à leur famille s'ils se permettaient de réussir là où d'autres membres de cette même famille ont échoué. Des mécanismes d'inhibition intellectuelle paralysant les processus de pensée, de même que l'appétence pour le monde de la connaissance – et parfois même pour l'ensemble du monde extérieur – sont alors mis en place inconsciemment pour préserver un certain équilibre dans la famille.

Une faille dans le système... une vieille pièce de monnaie

André a 9 ans. Il ne sait ni lire ni écrire ni compter. Il est pourtant capable de discuter avec des adultes de différents sujets fort intéressants. Il a de nombreuses connaissances dans différents domaines. Il est issu d'un milieu aisé mais un peu marginal, et ses parents s'inquiètent du fait qu'il ne sait toujours pas lire. Malgré de nombreuses heures d'intervention en orthopédagogie ainsi qu'une orientation en classe spéciale, il est encore incapable de lire un texte destiné à des élèves de 1re année. Pourtant, les tests effectués pour tenter de préciser la nature de ses difficultés ne permettent pas d'expliquer cette situation.

À l'école, André semble « éteint ». Rien ne l'intéresse, pas même les jeux dans la cour de récréation. Il y erre, les yeux au sol, sans rechercher de contact avec les autres enfants. Il lui arrive d'avoir des conversations avec les surveillantes qui tentent parfois de l'intéresser aux jeux des élèves. Il n'est pas rejeté par les autres, qui l'ignorent tout simplement, comme s'ils avaient compris qu'André préférait ne pas se mêler à leurs jeux. En classe, il se soumet aux exigences, mais il remet souvent des feuilles blanches aux examens. Son enseignante ne sait plus quoi tenter pour l'intéresser à différents projets.

Un jour de printemps, alors qu'elle assume la surveillance du repas du midi, elle remarque qu'André se promène comme à l'habitude, mais en tenant quelque chose dans les mains, qu'il scrute attentivement. Elle va le voir et lui demande ce qu'il regarde ainsi. Il lui montre une vieille pièce de monnaie qu'il vient de trouver ; c'est une pièce de 1957. André lui explique qu'il la mettra dans sa collection. En le questionnant un peu plus, l'enseignante apprend qu'il a une collection de pièces de monnaie que son grand-père lui a léguée à sa mort, deux ans auparavant. Pour la première fois depuis qu'elle le connaît, André paraît s'intéresser à quelque chose ; elle l'invite donc à apporter ce « trésor » à l'école pour le lui montrer, ce qu'il fait d'ailleurs dès le lendemain matin.

Il arrive avec une pochette pleine de pièces provenant des différents pays que son grand-père a visités.

Au cours de cette même période, les parents d'André décident de consulter pour leur fils, comme le recommande l'enseignante. Les intervenants rencontrés apprennent que le grand-père en question occupait une grande place dans la vie d'André et que ce dernier l'a beaucoup pleuré à son décès. Un autre fait majeur se précise en cours d'évaluation : il s'avère que le père d'André est analphabète, bien qu'il mène une brillante carrière professionnelle au sein de sa propre entreprise. Il ne sait pas lire et il écrit au son. Son épouse a cessé de travailler lorsqu'ils se sont mariés et a épaulé son mari dans son entreprise pour tout ce qui est lié à la lecture et à l'écriture. De plus, le fils aîné du couple achève un parcours scolaire semé d'échecs et il est sur le point d'abandonner l'école après s'être trouvé un travail d'emballeur dans une épicerie. Pour André, ce tournant dans la vie de son frère âgé de 18 ans lui confirme que la vie scolaire n'est d'aucune utilité puisque celui-ci, comme son père, réussit à gagner sa vie malgré ses échecs scolaires.

Cette situation familiale permet à André de ne pas trop souffrir de son absence de compétence à l'école ; en effet, il a devant lui des modèles d'hommes significatifs qui ne se plaignent pas de leur situation et qui, malgré tout, parviennent à leurs fins. La question qui se pose est la suivante : peut-il se permettre de réussir là où ces hommes qu'il admire ont échoué ? Peut-il se permettre de les dépasser ? Continueront-ils à l'investir s'il ose le faire ?

Dans les mois qui suivent, les intervenants qui travaillent en équipe multidisciplinaire décident de fonder leur action sur cette hypothèse explicative des difficultés d'apprentissage du fils. D'une part, ils travaillent avec la famille et, d'autre part, ils offrent des services à l'enfant tout en demandant au père de s'engager avec son fils là où il le peut, c'est-à-dire en mathématiques. De plus, en collaboration avec l'enseignante, on entreprend un travail psychopédagogique pour aider André à investir un projet de mise en forme de la collection offerte par le grand-père qui, pour sa part, avait parfaitement réussi à l'école. Pour André, l'accès à la connaissance a ainsi pu prendre un nouveau sens ; il s'est donné peu à peu la permission d'apprendre.

André s'est redonné le droit d'apprendre avec le désir de devenir un jour architecte. Le travail fait autour de sa collection de monnaie, ses talents en dessin, son nouvel intérêt pour les chiffres et les pays visités par son grand-père l'ont remis sur la piste des connaissances. Ce jeune homme a maintenant 23 ans et vient d'entrer à l'université. Son parcours scolaire n'a pas été sans embûches mais, étant donné l'absence de troubles spécifiques d'apprentissage, il a pu récupérer et compenser pour les retards accumulés au cours de ses premières années d'école. Dans son cas, l'inhibition intellectuelle a été levée par un travail dans lequel il s'est engagé avec l'école, la famille et différents intervenants en santé mentale.

Autant d'histoires individuelles, autant d'inhibitions à lever

L'histoire d'André n'est pas unique. Il n'est pas rare de rencontrer des enfants aux prises avec de pareils conflits de loyauté envers un ou des membres de la famille. Prenons le cas, par exemple, des couples de jumeaux chez qui l'un des enfants vit de grandes difficultés d'apprentissage. En pareil cas, il arrive fréquemment que, même s'ils présentent des profils cognitifs bien différents, les jumeaux « nivèlent » leur rendement scolaire. Par exemple, l'un d'eux présente un déficit spécifique dans ses « outils d'apprentissage » et l'autre apprend moins bien, sans qu'aucune explication cognitive soit objectivée.

Pour le premier enfant, il est possible de dresser le plan d'intervention de façon assez claire mais, pour le deuxième, il en est tout autrement, puisque les hypothèses expliquant ses échecs successifs ne relèvent pas de la sphère cognitive.

Si on connaît la loyauté généralement très présente dans les couples de jumeaux, on sait qu'il n'est pas simple pour l'un de se permettre de réussir là où l'autre échoue. On assiste alors aux mêmes phénomènes d'inhibition intellectuelle que ceux décrits précédemment dans l'histoire d'André. Alors que l'enfant a tout ce qu'il lui faut pour apprendre, il n'a pas accès à ce potentiel et demeure l'égal de l'autre. Ce type d'inhibition sert souvent à éviter l'angoisse qui surgirait si la dissociation s'actualisait. Dans de telles situations, seule une aide psychothérapeutique ou psychopédagogique et familiale permet à chacun de prendre sa place dans le monde sans que ces conflits ne handicapent trop lourdement l'avenir de ces enfants en mal d'apprendre.

Parfois, on observe aussi ce phénomène d'inhibition dans la fratrie, sans que les frères et sœurs en cause soient jumeaux. Ainsi, la présence dans la famille d'un enfant handicapé sur le plan intellectuel engendre parfois chez les autres enfants cette difficulté de dépassement ; et ce, surtout si l'enfant handicapé est plus âgé. De la même façon, dans les familles où l'un des enfants éprouve de graves difficultés d'apprentissage, il est parfois difficile pour ceux qui lui succèdent d'accepter de réussir. Parfois, au contraire, le malaise engendré au sein de la fratrie s'exprime tout autrement, soit en dénigrant celui qui est en difficulté par exemple, mais il s'agit là d'un problème bien différent de celui que nous abordons ici. Par contre, il faut dire combien les inégalités observées dans les potentiels respectifs des enfants d'une même fratrie peuvent causer des tensions familiales difficiles à vivre ; elles ont aussi nécessairement des répercussions sur les autres membres de la famille dont il faudra tenir compte pour rétablir un équilibre émotionnel permettant à chacun de se développer le plus harmonieusement possible, chacun à sa mesure, à son rythme et selon ses propres intérêts.

Névroses d'échec et inhibition intellectuelle

Nous avons vu qu'André ne se donnait pas le droit de réussir et qu'en plus il ne faisait rien pour y arriver. Cette inhibition des capacités intellectuelles, qui engendre un contraste certain entre le potentiel de l'enfant et son rendement, prend parfois la forme d'une inhibition des capacités de produire. Ainsi, alors que certains apprennent peu, d'autres parviennent à apprendre, mais ne permettent pas aux adultes d'évaluer leurs performances. Nous assistons alors à des mécanismes où la névrose d'échec se traduit par de l'inhibition ou par des actes manqués qui, de la même façon, conduisent à l'échec.

Ainsi, certains enfants ne produisent pas les travaux demandés ou ne répondent pas aux examens écrits ; d'autres oublient leurs travaux à la maison, les perdent ou les déchirent une fois complétés. Bien qu'ils soient capables d'apprendre, leurs comportements conduisent à des échecs à répétition ou à des réussites mitigées, ou encore à la destruction systématique de résultats parfois chèrement acquis. Ces conduites témoignent de leurs difficultés à réussir malgré leur potentiel. Dans ces cas-là, la performance est variable dans le temps, mais l'inhibition apparaît chaque fois que l'utilisation du potentiel intellectuel a une très grande importance dans la vie relationnelle.

Intervenir pour redonner le droit à la réussite

Il est assez facile de repérer les enfants qui, inconsciemment, n'utilisent pas leur plein potentiel pour apprendre. En général, les premières phases de leur développement se sont faites normalement, même brillamment, mais du jour au lendemain ils ont perdu leur intérêt pour apprendre et se mettent à échouer là où ils ont déjà manifesté des capacités. Ils sont souvent tristes et peu ouverts à la nouveauté. Par contre, et de façon paradoxale, ils se montrent intéressés à aider les plus jeunes, voie par laquelle il est souvent possible de leur redonner l'envie d'apprendre. Ils ont du mal à recevoir, mais ils sont souvent prêts à donner pour rendre service. Il est important que les parents consultent quand un enfant présente de tels symptômes d'inappétence intellectuelle et de conduites d'échec.

À retenir...

L'attachement, la sécurité, l'autonomie, la confiance et l'estime de soi comptent parmi les fondements de l'identité de chaque personne. L'intelligence des enfants et leurs capacités d'apprendre à l'école sont plus ou moins « utilisables » selon que ces fondements ont été plus ou moins bien inscrits dans la personnalité de l'enfant. Chacun évolue à son rythme à partir de ce qui a été construit au cours de ses premières années de vie. Les enfants arrivent donc à l'école avec ce premier

« bagage » de base qui leur permet de s'adapter et d'apprendre. Tout au long de leur parcours scolaire, ces fondements de leur personnalité sont appelés à se modifier en fonction des expériences plus ou moins positives de chacun.

Parallèlement au développement socio-affectif se développent l'intelligence et les outils qui servent aux enfants à apprendre. Ainsi, les bases de la personnalité sont importantes, mais encore faut-il que l'écolier ait les outils nécessaires pour ce faire, les instruments pour apprendre. C'est ce que nous allons maintenant regarder, pas tant du point de vue des instruments d'apprentissage comme tels, mais de façon plus globale, davantage sous l'angle de l'impact des aspects affectifs qui compliquent la résolution de ce genre de problème.

TROISIÈME PARTIE

DES OUTILS POUR APPRENDRE

CHAPITRE 7

DES MOTS POUR APPRENDRE

Pour apprendre, l'enfant a certes besoin d'être bien dans sa peau, mais il doit aussi posséder de bonnes habiletés intellectuelles, motrices et sociales. De plus, il doit avoir une bonne audition, une bonne vision, des capacités d'attention et de concentration, une bonne mémoire de même qu'une certaine qualité de langage. Ces instruments d'apprentissage sont à l'écolier ce que le coffre à outils est au menuisier.

Nous avons vu à maintes reprises que les facteurs affectifs influencent le développement et surtout l'utilisation des fonctions cognitives. Prenons, par exemple, l'enfant qui n'a pas envie de grandir ou encore de communiquer avec les autres ; dans ces conditions, comment peut-il développer son langage ? Et celui qui ne veut « plus rien entendre », comment peut-il avoir une bonne qualité d'écoute ? Dans cette perspective, on se demande même parfois, comme le proposent certains courants de pensée, si l'origine des déficits « instrumentaux » observés chez certains enfants et s'exprimant par des troubles d'apprentissage ne serait pas à chercher d'abord dans leur fonctionnement psychique même. Inversement et de façon plus évidente, nous savons que les difficultés dites « instrumentales » causent souvent des problèmes émotionnels secondaires aux échecs scolaires, au point parfois de compliquer le problème et sa résolution en rééducation. En effet, ces écoliers vivent parfois assez de stress pour ne plus être en mesure de profiter de l'aide offerte à l'école.

Si nous souhaitons que l'enfant développe son autonomie à l'école comme à la maison, encore faut-il s'assurer qu'il est en mesure de voler de ses propres ailes avec succès. Nous verrons ici comment certains facteurs cognitifs influencent de façon significative les capacités d'apprendre et de s'adapter. Nous n'insisterons pas sur les aspects cognitifs de ces problèmes, mais nous traiterons cette question sous l'angle de leur impact sur l'affectivité de l'enfant. Nous nous attarderons sur les situations qui causent fréquemment des problèmes d'apprentissage, le premier étant celui du langage.

Mal de mots, «mal d'école», mal de société

L'enfant qui arrive à l'école avec un retard de langage, même léger, risque de présenter des troubles d'apprentissage parce que les habiletés verbales sont nécessaires pour permettre un traitement optimal des informations. En effet, l'intelligence verbale est très sollicitée dans l'apprentissage, que ce soit pour comprendre l'enseignant, pour s'exprimer, régler des conflits, s'intégrer aux jeux dans la cour de récréation, poser les bonnes questions, ou faire mentalement des liens entre les connaissances acquises et celles à intégrer. Un manque d'aisance sur ce plan est souvent lourd de conséquences, non seulement pour l'enfant et sa famille, mais aussi pour la société en général, à long terme, si l'enfant ne reçoit pas rapidement l'aide dont il a besoin. C'est malheureusement chose courante actuellement, à cause du manque de ressources en milieu scolaire.

Un simple retard de langage, parfois lié à une certaine immaturité ou à un refus de grandir, peut nuire aux capacités d'apprentissage et d'adaptation des enfants à l'école. Parfois, le problème dépasse largement les seules difficultés observées dans l'apprentissage de la lecture, de l'écriture et des mathématiques, parce que le langage qui s'intériorise est un puissant outil d'autorégulation de la pensée et des actions. Or, plusieurs sphères du développement peuvent être affectées par cette difficulté à se parler en soi-même afin de mieux comprendre et d'agir sur l'environnement. Au fil du temps, ces enfants développent des comportements d'évitement ou de refus scolaire qui sont parfois perçus comme des causes plutôt que comme des conséquences de leurs troubles instrumentaux.

Quand les mots manquent

Salu sava moi traibien jespaire que tu vas passé de trai bonne vacanse.

Extrait d'un petit mot écrit par Antoine à son orthopédagogue

Au moment où Antoine terminait sa 5e année, sa mère demanda une consultation en pédopsychiatrie parce qu'il se tapait la tête contre les murs et parlait de se tuer quand les examens arrivaient. Il présentait des difficultés d'évocation et il confondait des sons et des mots quand il parlait. Ses troubles spécifiques d'apprentissage n'avaient jamais été dépistés malgré ses retards scolaires importants. On le disait opposant, immature et paresseux. À l'école, on se préoccupait de son mal de vivre, mais on manquait de ressources pour aborder ses problèmes d'apprentissage, d'autant qu'il se montrait peu intéressé à en sortir. À 8 ans, il ne recevait donc qu'une aide minimale en petit groupe, dispensée par l'orthopédagogue de l'école. Celle-ci se disait incapable d'intervenir adéquatement, ayant un trop grand nombre d'élèves à aider en très peu de temps. Par ailleurs, et en apparence, tout semblait être fait pour venir en aide à Antoine ; mais à ses yeux, s'il n'y arrivait pas, c'est qu'il ne valait rien, d'où son désinvestissement scolaire et ses mécanismes d'opposition.

L'histoire d'Antoine ressemble à celle de milliers d'enfants dont le parcours scolaire se complique d'année en année et qui finissent souvent par être orientés vers des classes de cheminement particulier, avant d'abandonner l'école et de sombrer bien souvent dans la délinquance. Antoine n'a parlé clairement qu'à l'âge de 4 ans. Durant les premières années d'école, il avait souvent du mal à évoquer les mots qu'il ne retrouvait pas facilement dans sa tête. Il avait de la difficulté à saisir les consignes données verbalement et devait utiliser une somme considérable de mots pour parvenir à se faire comprendre de son interlocuteur, ne parvenant pas à exprimer sa pensée clairement et simplement. Ayant du mal à bien nommer les choses, il parlait de la « chose », de « l'affaire », mélangeait parfois les mots entre eux ou, tout simplement, les prononçait mal.

Malgré de très bonnes habiletés en mathématiques, il ne parvenait pas à apprendre à lire assez bien pour comprendre le sens d'un court texte et encore moins pour prendre plaisir à cette activité. En 3e année, à 9 ans et bien qu'ayant redoublé, il écrivait encore au son. En 4e année, à 10 ans, il a commencé à avoir des difficultés majeures en mathématiques parce qu'il ne maîtrisait pas encore assez la lecture pour bien saisir les consignes écrites. Il n'avait pas accès à ce langage intérieur, ou à cette capacité que l'on a de se parler en soi-même pour mieux comprendre. Or, cet outil d'apprentissage est particulièrement utile au moment où il devient essentiel de faire des liens « dans sa tête » pour mémoriser et bien comprendre la matière. Antoine avait donc des troubles d'apprentissage spécifiques qui dépassaient largement le simple retard de langage identifié quelques années plus tôt. Ses processus de traitement de l'information n'ayant pu se développer normalement, l'écart entre son potentiel et son rendement scolaire devenait plus grand chaque année.

Faute de ressources, l'aide reçue en orthopédagogie au cours des années précédentes s'avérait insuffisante parce qu'elle s'était résumée à de courtes périodes de récupération en groupe alors qu'il aurait eu besoin de réelles séances individuelles de rééducation pour apprendre des stratégies d'apprentissage efficaces, compte tenu de son style cognitif particulier.

Les ressources en orthophonie sont nettement insuffisantes à l'école pour les enfants qui présentent des retards ou des problèmes de langage : c'est pourquoi elles sont réservées aux élèves de la maternelle. Pour sa part, Antoine n'avait pas reçu ces services à ce moment-là parce que ses difficultés étaient moins marquées que celles d'autres enfants ou, du moins, pas assez apparentes.

Quand tout chavire

À la fin de sa 4e année, Antoine avait 11 ans et il n'avait toujours en français qu'un niveau équivalent à une 2e année. Il a donc été orienté vers une classe spéciale à effectif réduit pour finir son primaire. Dans les faits, Antoine ne terminera jamais son cours primaire, parce qu'entretemps il a perdu espoir.

À 13 ans, ce nouvel « ado » entre au secondaire, en classe de cheminement particulier. N'ayant jamais trouvé en l'école une source de gratification, pourtant essentielle au sain développement de tout être humain, il va la chercher ailleurs... dans les groupes d'amis qui sont prêts à lui donner une gratification immédiate s'il s'allie à eux dans des projets menant à des satisfactions rapides et concrètes. Pour la première fois de sa vie, les gestes posés à l'intérieur d'un groupe sont valorisés ; il a enfin un véritable sentiment d'appartenance. Il se sent enfin utile et compétent en dépit de son histoire d'échecs scolaires. Seule ombre au tableau, les gestes posés sont des actes condamnables par la société. Pris en flagrant délit de vol et de vandalisme à quelques reprises et s'absentant de l'école plus souvent qu'à son tour, il cumule suspensions et arrestations. À 16 ans, Antoine laisse l'école et poursuit ses activités illicites pour gagner de l'argent, ce qu'il pense être incapable de faire autrement. On peut facilement imaginer la suite de son histoire.

Et si on était intervenu avant...

Pourtant, à la base, Antoine n'avait qu'un simple retard de langage. Ses parents ont fait leur possible pour lui venir en aide, mais son « cas » n'était jamais assez lourd pour qu'il puisse recevoir le soutien dont il aurait eu besoin en réalité. On est en droit de se poser des questions ! Où étaient les professionnels qui auraient pu intervenir ? Qu'ont fait les « décideurs » pour investir dans les services d'aide aux enfants en difficulté et pour s'assurer que la Loi sur l'instruction publique s'applique dans les écoles ? Cette loi prévoit notamment que soient présentes dans les écoles les ressources nécessaires aux enfants qui ont des besoins particuliers. Dans la réalité, le manque de personnes-ressources dans les écoles se fait de plus en plus sentir. À titre d'exemple, la Commission scolaire de Montréal (CSDM) estime elle-même que 3 000 de ses élèves n'ont pas reçu les services adéquats au cours de la dernière année, faute de ressources*.

Les conséquences d'un simple retard de langage ou de troubles de langage en bas âge sont lourdes à porter pour les jeunes écoliers. Elles se compliquent au fur et à mesure que l'enfant grandit. Le lien direct entre ces problèmes et les troubles d'apprentissage, d'adaptation et de comportement ne fait pas de doute dans les milieux scolaires et cliniques. Ces problèmes sont à la base d'un haut taux de décrochage scolaire et de délinquance, lorsque rien n'est fait pour y remédier.

Réagir à temps veut dire réagir tôt, pour empêcher que tout chavire et pour éviter que le mal des mots ne se transforme en cauchemar scolaire et en inadaptation sociale.

Conseils aux parents

Si votre enfant n'intègre pas les rudiments du langage comme le font les autres enfants de son âge, s'il cherche constamment ses mots, intervertit des syllabes et des sons, a du mal à exprimer ses idées de façon claire et logique, demande souvent de répéter les consignes, confond des mots entre eux, s'exprime avec ses poings plutôt qu'avec la parole lors d'un conflit, bref, dès que vous avez un doute quant au développement des habiletés langagières de votre enfant, il faut :

---

* *La Presse*, 11 septembre 2002, p.A 9.

- Éviter de laisser les choses traîner. Il devient important et même urgent de consulter pour qu'il reçoive de l'aide, au plus tard à son entrée à la maternelle.
- Être vigilant, le reprendre lorsqu'il fait des erreurs en parlant; sans répéter son erreur, reformuler pour lui le mot ou la phrase mal structurée.
- Être patient quand il cherche ses mots, attendre avant d'intervenir ou de dire le mot à sa place. En demander autant à ses frères et sœurs qui s'empressent souvent de « dire » à sa place.
- Faire avec lui des jeux où les mots sont à l'honneur, chanter avec lui, construire ensemble des histoires à partir de ses dessins, prendre plaisir à discuter avec lui, l'encourager à donner son opinion sur tout; bref, multiplier les occasions de jouer avec les mots, les sons, la parole.
- Mettre l'accent, dès son entrée en 1re année, sur l'apprentissage de la lecture et sur l'importance d'en comprendre le sens.
- L'encourager le plus possible à avoir recours à des moyens concrets et visuels pour l'aider à compenser ses difficultés à comprendre et à mémoriser les informations reçues ou à évoquer verbalement (dessins, schémas, surligneurs).

Chapitre 8

Quand il est question d'intelligence

▼

Les déficiences intellectuelles, des limites à respecter

S'il est généralement convenu de dire que plus l'enfant est intelligent, mieux il apprend, nous avons vu aussi que de multiples facteurs peuvent influencer plus ou moins positivement les facultés d'apprentissage à l'école. De plus, certains enfants sont tout simplement moins bien dotés que d'autres au plan intellectuel ; cependant, à moins de déficits marqués, de déficience moyenne et profonde, ces enfants peuvent aussi apprendre à l'école, que ce soit en classe régulière ou en classe spéciale.

En général, les enfants moins intelligents sont aussi moins souffrants de leur situation scolaire, à moins que l'école qu'ils fréquentent ne corresponde absolument pas à leur rythme d'apprentissage. Ils apprennent plus lentement que la moyenne mais, si certaines conditions sont respectées, ils peuvent étonner par leurs capacités d'apprendre. En développant quelques rituels et routines, il s'adaptent plus facilement, se « soumettent » souvent aussi plus facilement à la position parfois plus passive de l'apprenant que les enfants doués, curieux, qui sont plus actifs dans leur démarche d'apprentissage.

Ces enfants moins bien dotés apprennent mieux à force de répéter et de manipuler des objets. Il faut qu'ils puissent s'appuyer sur du concret. La plupart du temps, ils éprouvent beaucoup de difficulté à accéder aux études supérieures. Selon l'importance de leurs déficits, il devient difficile pour eux d'acquérir et de jongler avec des notions plus abstraites. Ainsi, les écoles de métier sont souvent bien adaptées à ce type d'apprenants puisque l'enseignement qui y est dispensé est lié très directement à l'utilisation que les jeunes en feront dans leur futur milieu de travail. Ils peuvent donc bien évoluer à l'école si l'on respecte leur rythme et qu'on leur offre les conditions qui leur permettent de se sentir en sécurité. Si l'on ne met pas en place des conditions qui leur permettent de vivre des succès, ces enfants souffrent d'autant de maux scolaires que n'importe quel enfant.

Trop, c'est parfois comme pas assez

D'autres enfants sont très doués, étonnamment même, mais certains d'entre eux finissent tout de même par ne pas pouvoir profiter du milieu scolaire pour apprendre. Pour certains, c'est l'école qui ne les stimule pas suffisamment (enfants doués), pour d'autres, il s'agit d'un réel problème d'intégration scolaire (hyperintellectualisation) qui se profile au fur et à mesure des années. Tout se passe comme si leur « maison mentale », en dépit d'une façade impressionnante, était inhabitée. Alors que ces enfants ont emmagasiné une grande somme de connaissances, il est toujours étonnant de constater le contraste entre ce côté « petit adulte » et l'autre aspect de leur personnalité qui est souvent tout à fait immature, notamment aux plans du jugement et des habiletés sociales.

Les « p'tits vites »... en échec

Alexandre est brillant. Très brillant. Aux tests d'intelligence, il obtient des résultats nettement supérieurs à la moyenne. Il ne présente pas de troubles spécifiques d'apprentissage, mais il échoue en classe. En fait, il s'ennuie à l'école. À la première explication, il a bien compris la notion. Les neuf fois suivantes, quand ces mêmes explications sont à nouveau données pour ceux qui ont de la difficulté à comprendre, elles ont tôt fait de l'engourdir, sinon de l'endormir. Alexandre est déjà loin dans sa tête quand finalement la page se tourne sur ce chapitre trop plein de répétitions. Il manque alors les informations nécessaires à un examen, à la remise d'un travail ou, tout simplement, l'explication d'une nouvelle notion, parce que la leçon précédente n'a pas su garder en haleine son appétit d'apprendre. Le rythme est trop lent pour lui, mais le fait qu'il « décroche » dès que se prolonge indûment la leçon lui occasionne tout de même des difficultés scolaires, en dépit de son très grand potentiel intellectuel.

Quand, au premier bulletin, les parents sont convoqués à l'école, ils sont abasourdis devant tous les exemples que donne l'enseignante pour leur démontrer l'absence d'intérêt et d'efforts fournis par cet enfant dont tous reconnaissent pourtant la vivacité d'esprit. Son enseignante a vite compris l'ennui qu'il vit en classe et pressent déjà les difficultés qu'il rencontrera à brève échéance si rien n'est fait pour lui offrir un milieu scolaire plus approprié, qui réponde mieux à son rythme d'apprentissage. Elle leur parle donc des écoles à vocation particulière où la pédagogie se fait plus rapidement, ce qui permet un programme supplémentaire dans un domaine artistique, linguistique ou sportif. Pour Alexandre, cette solution tombe pile. On l'inscrit dans une école où il apprendra la musique tout en poursuivant sa scolarité régulière à un rythme plus rapide, ce qu'il est capable de faire.

Comme Alexandre, plusieurs enfants ont besoin d'un surplus de stimulation pour rester éveillés en classe, sans quoi ils décrochent et se mettent réellement à vivre des échecs faute d'être « de retour en classe » à temps pour capter les nouvelles notions transmises par l'enseignant. Bien sûr, pendant longtemps, ils sont capables de récupérer lorsqu'ils réalisent qu'ils en ont « perdu des bouts » ; mais ils désinvestissent parfois tellement l'école, devenue ennuyeuse pour eux, qu'ils ne réalisent parfois même pas qu'ils sont en train d'accumuler des retards malgré leur potentiel.

Une fillette de maternelle disait un jour à sa mère : « Maman, pourquoi l'enseignante explique toujours cinq fois des mots qu'on connaît déjà ? » En 2e année, cette enfant trouvait l'école très ennuyeuse parce qu'il fallait lire devant la classe, chaque jour de la semaine, le même texte, et surtout le faire très lentement pour que tout le monde puisse suivre. Cette enfant lisait déjà couramment et se sentait freinée dans ses capacités parce qu'elle devait respecter le rythme des plus faibles du groupe.

De la douance à l'hyperintellectualisation

On peut mettre en œuvre de nombreux moyens pour permettre aux enfants doués de profiter d'une classe régulière tout en leur offrant la possibilité d'en dépasser les exigences. Chez d'autres, par contre, cette douance prend des couleurs plus dramatiques parce que leurs grandes compétences intellectuelles et l'ampleur de leurs connaissances vont de pair avec une maladresse sociale et motrice étonnante. Leur immaturité dans plusieurs domaines, autres qu'intellectuels, les rendent marginaux et entraînent pour eux un certain isolement qui les fait souffrir. D'autres, au contraire, s'en réjouissent tant ils sont mal à l'aise avec leurs compagnons. Leur propension à l'étude, à la lecture et à la collection de connaissances – parfois très spécialisées – leur sert justement à mettre l'autre à distance et à rester dans un monde clos.

Une tête et deux jambes ne suffisent pas

Parmi ceux qui en souffrent, on retrouve les enfants qui ont été très appréciés pour leurs qualités intellectuelles exceptionnelles, mais pas suffisamment encouragés dans leur besoin de jouer. Ils gagneraient à être plus « enfant » que « petit adulte » et à s'approprier un « corps vivant » en plus de leur « tête pensante ». Pour eux, même le monde des émotions est évacué ; ils se « raisonnent » devant chaque frustration, déception ou colère.

Loïc fait partie de ces enfants qui éblouissent par l'ampleur de leurs connaissances. Il vit seul avec sa mère. Malgré son rendement scolaire instable, celle-ci insiste pour le maintenir dans une école privée reconnue pour ses standards élevés. Il est pourtant incapable de travailler en équipe, de porter un jugement personnel sur un texte et de recourir à ses connaissances antérieures pour donner du sens à ce qu'il apprend à l'école. Il emmagasine des connaissances et excelle dans tout ce qui doit être appris par cœur ; mais ces nouveaux acquis restent souvent inutilisables parce qu'ils semblent plutôt « plaqués » sans être intégrés dans un contexte plus large et plus signifiant. Son potentiel intellectuel se situe pourtant bien au-dessus de la moyenne des enfants de son âge. Il s'exprime comme un petit adulte, lit le journal le matin malgré ses 10 ans, et ne sait pas faire de bicyclette. Il n'a qu'un seul ami, qui est en fait son cousin. Ils se voient environ une fois par mois et passent le plus clair de leur temps à jouer aux échecs. Sa mère consulte pour que « l'école devienne plus stimulante pour lui ». Elle explique les échecs de Loïc par le fait qu'il est peut-être trop intelligent pour ce que l'école peut lui apprendre. Elle aimerait que l'école s'adapte à lui, mais elle ne voit pas que l'inverse serait aussi souhaitable.

Pour elle, il est hors de question que Loïc change d'école. Elle a trop peur qu'il perde sa chance de poursuivre des études supérieures s'il va dans une école « ordinaire ». Elle sourit du fait qu'il ne sache pas encore faire de bicyclette à son âge, justifiant cela par son propre désintérêt face aux sports. Il lui ressemble. Elle ajoute que Loïc, tout comme elle, préfère lire pendant les congés. Ils aiment aussi visiter des musées ou voir des expositions de peinture ensemble. Sa mère étant son unique et meilleure amie, Loïc s'est conformé à l'image qu'elle s'est faite de l'enfant idéal. Seuls ses résultats scolaires fort inégaux – selon la matière enseignée, l'intérêt qu'il y porte et l'importance qu'il y accorde dans son monde un peu à part des autres – ne répondent pas aux attentes.

Un peu comme dans le conte d'Alphonse Daudet, *L'homme à la cervelle d'or*, Loïc a fini par se perdre en renonçant chaque jour un peu plus à ce qu'il est réellement pour s'adapter à ce que sa mère attendait de lui, à l'image qu'elle s'était faite de l'enfant rêvé, ce en quoi il était très doué. Ses apprentissages étaient jour après jour des dons offerts à l'autre pour maintenir la relation ; mais il le faisait jusqu'à ne plus être lui-même en développant ce qu'on appelle un « faux-self».

Au moment de l'évaluation en pédopsychiatrie, Loïc s'est montré très sérieux, concentré et performant aux tests cognitifs. Par ailleurs, il était visiblement gêné des difficultés qu'il éprouvait devant les tâches pédagogiques demandées, mais il prétextait que c'était son professeur qui ne savait pas enseigner et que l'école l'ennuyait. Après quelques séances, il pu se permettre un peu plus de familiarité et s'intéresser tout à coup à une collection de petites voitures. Invité à jouer avec ces petites autos, qui auraient eu le même effet chez un enfant de la maternelle, il se mit rapidement à quatre pattes. À certains moments, il interrompait son jeu pour demander s'il pouvait continuer à jouer au lieu de travailler et si sa mère apprendrait que nous avions joué avec des autos plutôt que de faire les tests.

Cet enfant s'est développé en vase clos, comme si le monde des connaissances était la seule manière de devenir « grand » et intéressant aux yeux de sa mère. Grandir avant d'avoir été petit, avant d'avoir pris le temps de jouer, de socialiser, de bouger ! L'être humain est complexe et son identité se révèle au cours de l'intégration de toutes les facettes de la personne ; sans quoi, même ses forces peuvent demeurer inutilisables.

Conseils aux parents

- Veiller à l'arrimage entre le potentiel de l'enfant et le niveau d'exigence de l'école choisie.
- Réfléchir à ce que vous désirez pour votre enfant en milieu scolaire. Son bien-être général doit prévaloir sur son maintien dans une école trop exigeante si ses capacités ne le permettent pas.
- Respecter le rythme de chacun et éviter d'attacher trop d'importance aux résultats. Valoriser les compétences de chacun même si elles vous paraissent décevantes compte tenu de vos attentes. Éviter de donner trop

d'importance à la norme comme unité de mesure pour comparer les progrès de l'enfant ; faites-le plutôt en observant ses progrès en termes d'attitudes et de rendement en regard de son cheminement personnel.

- Encourager l'enfant à profiter de différentes expériences (sociales, physiques, affectives et intellectuelles) pour qu'il développe aussi son sentiment de compétence hors du seul domaine scolaire.
- Permettre et même encourager le jeu spontané, la prise d'initiatives et les activités ludiques, tout autant que les activités éducatives.
- Tolérer les moments de régression lorsqu'ils se présentent. Ils sont fréquents et nécessaires avant de passer de façon plus assurée à un stade ultérieur de développement.
- Éviter de ne proposer aux enfants que des jeux « éducatifs » qui, utilisés à outrance, finissent par les lasser et les détourner de l'envie d'apprendre.
- Consulter au besoin pour mieux évaluer le potentiel réel de l'enfant si la question se pose.

Chapitre 9

Troubles d'apprentissage ou de comportement?

▼

Dyslexie et autres troubles

Au nombre des troubles d'apprentissage les plus connus, on compte la dyslexie (trouble de la lecture), la dysorthographie (trouble de l'orthographe) et la dyscalculie (troubles du calcul). Il y a aussi différents déficits au plan des fonctions cognitives qui causent des problèmes dans le traitement des informations et donc dans les habiletés d'apprentissage, sans toutefois s'être déjà développés en syndromes. Nombre d'enfants qui en souffrent compensent de façon spontanée. Parfois, au terme d'un long travail avec une orthopédagogue, l'enfant acquiert des stratégies compensatoires pour apprendre malgré ce genre de problème. Des enfants qui n'ont pas été dépistés à temps et qui ne compensent pas d'eux-mêmes un déficit de ce genre pour toutes sortes de raisons, souvent affectives, accumulent des retards scolaires et se retrouvent parfois en troubles graves d'apprentissage, avec tout ce que cela signifie sur les plans affectif et social.

En effet, les problèmes d'apprentissage ne sont pas toujours aussi spécifiques. Un enfant est dit en trouble spécifique d'apprentissage s'il ne présente pas de déficit sensoriel ou intellectuel ni de troubles du comportement pouvant expliquer ces difficultés. Toutefois, certains problèmes auditifs, visuels ou neurologiques peuvent aussi conduire à des problèmes d'apprentissage ou à un ensemble de symptômes qui, finalement, s'apparentent encore une fois au « mal d'école », dans ses différentes modalités d'expression. Par ailleurs, plusieurs de ces enfants ne sont pas dépistés ; certains d'entre eux présentent alors des troubles de comportement qui, bien souvent, ne sont qu'une conséquence de leurs difficultés à apprendre, mais qui limitent l'efficacité des interventions.

Parmi les difficultés qui causent des troubles d'apprentissage, notons le problème d'audition centrale, qui se traduit par une difficulté à gérer l'information reçue verbalement, et le déficit de l'attention avec ou sans hyperactivité. Nous ne discuterons pas ici de ces troubles, mais des impacts qu'ils ont sur le développement social et l'intégration de l'enfant à l'école. Les enfants qui vivent de telles difficultés connaissent des échecs scolaires à répétition avant d'être pris en charge par un enseignant spécialisé. Leur dévalorisation progressive engendre de l'anxiété, de la tristesse, de l'opposition et, conséquemment, une multitude de comportements d'évitement qui n'aident en rien leur possibilité de compenser ces déficits.

Il faudrait que ces enfants mettent les bouchées doubles pour « apprendre à apprendre » différemment ; mais assez vite, si aucun enseignement spécialisé ne leur est offert en ce sens, ils perdent leur confiance en eux et leur intérêt pour l'école. Cette situation est d'autant plus manifeste que, même au plan social, ce sont des enfants qui se retrouvent fréquemment en marge du groupe. Ils sont souvent peu appréciés par leurs compagnons parce qu'ils ont des difficultés et qu'ils comprennent moins vite quand on leur parle ; étant aussi parfois plus impulsifs, ils se mettent plus souvent qu'autrement les pieds dans les plats. De plus, leurs échecs amènent plus souvent que pour les autres des changements d'école ou des redoublements qui leur font perdre le peu d'amis qu'ils ont réussi à se faire.

Souvent, ces enfants démissionnent petit à petit et « subissent » l'école où ils sont blessés un peu plus chaque jour, surtout lorsque rien d'efficace n'est fait pour leur venir en aide. Ce sont aussi ceux qui vivent le plus de tensions à la maison autour des devoirs et des leçons parce que les parents, qui cherchent à les aider, tombent souvent dans le piège de se substituer à l'enseignant. Ces problèmes sont de plus en plus courants à l'école et la situation a parfois le temps de devenir fort complexe lorsque vient finalement le temps d'intervenir. En fait, le critère de chronicité (en termes de durée et d'intensité des symptômes), étant l'un des premiers retenus à l'école pour que soient octroyés les services nécessaires, engendre en partie cette situation où les mesures offertes ont trop souvent l'effet de coups d'épée dans l'eau.

Troubles de comportement

L'enfer à l'école ! Crises, injures aux professeurs, opposition, intolérance à la frustration, non-respect des règlements, violence verbale et parfois physique, voilà autant de raisons qui amènent certains enfants à se retrouver dans des classes regroupant ceux qui ont des troubles de comportement. Plusieurs d'entre eux crient leur détresse au moyen de ces comportements inadaptés. Ils vivent un profond sentiment d'injustice au contact des adultes qui cherchent à les aider à mieux vivre en société. Le problème, c'est que, trop souvent encore, les conditions mises en place pour intervenir auprès d'eux visent justement à les aider à adopter des attitudes plus favorables aux apprentissages et à respecter les règles, sans que soient dépistées les raisons qui les ont amenés à crier si fort leur appel au secours. Les enfants qui présentent des troubles de comportement à l'école ne présentent pas tous au départ des problèmes d'apprentissage ; mais force est de constater à l'expérience que, dans certains cas, les uns cachent les autres, empêchant ainsi un dépistage précoce qui aurait permis la mise en place d'interventions appropriées.

Plusieurs de ces enfants ont mal commencé leur vie scolaire. Ils avaient des difficultés à faire comme les autres, se sentaient moins bons parce qu'ils ne parvenaient pas à bien lire, ont parfois été victimes des moqueries de leurs compagnons ou encore des commentaires négatifs de la part de certains enseignants qui ont vu en eux de la mauvaise volonté. Ils ont très tôt développé une image négative d'eux-mêmes. Leurs parents, eux, en ont long à dire sur les commentaires négatifs des enseignants à l'égard de leur enfant. Ils ont tenté à leur tour de raisonner leur petit pour qu'il écoute mieux en classe et que cesse cette situation infernale dans laquelle ils le sentaient s'enliser.

Après des mois et des années de ce traitement, n'importe quel enfant réagit pour se défendre de cette image négative de lui-même qui lui est constamment renvoyée. Certains dépriment, d'autres démissionnent, et d'autres encore se rebellent. Dans leur cas, les troubles de comportement qu'ils présentent sont secondaires à des problèmes d'apprentissage mal ou non dépistés et pour lesquels on prend peu de mesures pertinentes afin de les aider dès le départ. On s'attaque donc aux problèmes de comportement comme s'ils étaient la cause des problèmes d'apprentissage alors qu'ils n'en sont souvent qu'une conséquence.

Hospitalisé pour psychose

Marco est amené par ses parents au service de pédopsychiatrie d'un hôpital pour enfants parce qu'à l'école, ses crises de colère imprévisibles et de plus en plus fréquentes ont fait croire à un trouble psychiatrique de l'ordre de la psychose. C'est en tout cas ce que les parents se sont fait dire par son enseignante. La psychologue de l'école n'a pas réussi à évaluer l'enfant, tant il se rebellait contre elle. Il a refusé de la suivre à son bureau.

Dans sa classe, Marco terrorise les autres enfants parce qu'il fait des crises impressionnantes au cours desquelles il renverse son pupitre et hurle littéralement contre son enseignante. L'année précédente, après plusieurs suspensions pour avoir réagi trop fortement aux sanctions données par son enseignante pour des travaux non faits, il a été orienté dans une classe pour des enfants qui ont des troubles de comportement. Il a très mal vécu cette orientation, d'autant plus que l'enseignante qui s'occupait de cette classe a dû, à la dernière minute, être remplacée par une autre qui n'avait pas d'expérience avec ce type d'élèves. Le sentiment d'injustice qui a entouré cette transition s'est manifesté par des comportements oppositionnels toujours plus violents de la part de Marco.

Hospitalisé de jour en pédopsychiatrie pour une « observation diagnostique long terme », Marco a longuement exprimé son dégoût de l'école et son sentiment d'y être persécuté par des « profs qui ne comprennent rien ». L'évaluation psychopédagogique demandée par le psychiatre a permis de mettre en évidence des troubles graves d'apprentissage pour lesquels une intervention individuelle était absolument nécessaire. Son enseignante, à qui on a demandé quels services pourrait recevoir Marco à son retour en classe, affirma que, pour elle, les troubles d'apprentissage n'existaient pas, qu'il n'existait que des enfants paresseux et qu'elle avait tous les moyens nécessaires pour le « casser » quand il reviendrait.

Il n'est pas courant d'être témoin d'attitudes aussi autoritaires, voire provocatrices, mais elles existent chez certains enseignants visiblement dépassés par nos jeunes en « mal d'école ». Le manque d'accessibilité aux services spécialisés accroît la charge de travail des enseignants et certains sont dépassés par le nombre toujours plus élevé d'enfants en difficulté ainsi que par la gravité de leurs symptômes. Une chose est certaine : lorsque les premiers apprentissages scolaires surviennent dans un contexte où la base est absente (soit la relation de confiance entre l'enfant, sa famille et son professeur), l'enfant et ses parents ne peuvent plus profiter des mesures d'aide mises en place, quelles qu'elles soient.

Cause ou conséquence

Comment un élève en difficulté peut-il être aidé si le système scolaire permet encore que la cause des problèmes observés soit confondue avec la conséquence ? Marco ne pouvait pas crier plus fort son désespoir. Il avait fait tout ce qu'il pouvait pour dire à tout le monde qu'il lui était impossible de faire mieux dans les circonstances. Brûlé à vif par des échecs répétitifs sans que personne ne soupçonne chez lui la présence de troubles d'apprentissage, il mettait toute son énergie à refuser d'entrer dans un monde mal adapté à ses besoins. Retourné en classe après un séjour de trois semaines en pédopsychiatrie, il y rencontra une nouvelle enseignante, celle-là spécialisée pour enseigner à ce type d'enfants. En individualisant son approche comme elle le faisait avec les autres, elle a permis que Marco découvre des stratégies différentes d'apprentissage, qui tenaient compte des forces autant que des faiblesses observées chez lui au plan cognitif.

Marco a mis du temps à accorder sa confiance à cette enseignante et a testé plus d'une fois sa capacité de le garder en classe. Elle lui a proposé des moyens différents pour exprimer ses frustrations lorsqu'il se retrouvait en panne devant un travail à effectuer. Elle savait que ses comportements inadaptés n'étaient pas dirigés contre elle, mais elle en décodait la détresse. Elle aidait Marco à mettre en mots ce qui se passait en lui lorsqu'il se retrouvait face à une difficulté et à trouver des moyens plus efficaces d'y faire face et de répondre aux attentes.

Ces dialogues « pédagogiques » ont redonné à Marco un certain sentiment de contrôle sur ce qui se passait à l'école parce que, bien que maladroit dans sa façon de s'adresser à l'adulte en cas de panne et à cours de moyens pour apprendre à faire autrement, il a développé progressivement des moyens plus appropriés pour demander de l'aide et aussi pour faire seul, sans toujours devoir compter sur l'autre. En assumant différentes responsabilités, il a pu projeter une image différente aux yeux de ses compagnons et, pour une fois, il s'est senti utile à l'école et de plus en plus capable d'apprendre.

L'œuf ou la poule

Plusieurs enfants qui se retrouvent en classe de troubles de comportement ont aussi du mal à apprendre à cause de leurs problèmes d'apprentissage. En principe, les mesures qui sont prises dans ces classes devraient suffire à permettre aux enfants de poursuivre leur scolarité tout en leur apprenant à vivre en groupe de façon plus adaptée. La difficulté, c'est que le titulaire d'une telle classe doit généralement mettre beaucoup d'énergie à gérer les comportements et à instaurer des conditions favorables pour répondre aux besoins particuliers de chacun.

On ne trouve habituellement pas de rééducation orthopédagogique relative aux problèmes spécifiques d'apprentissage dans les classes pour les enfants qui ont des troubles de comportement. L'enseignante étant généralement une orthopédagogue, les enfants qui les fréquentent n'ont pas droit en plus au service de l'orthopédagogue qui intervient de façon plus individualisée. Or, ceux qui ont des troubles spécifiques d'apprentissage se retrouvent parfois dans ce type de classe en raison de problèmes réels de comportement qui, dans bien des cas, sont secondaires à leurs problèmes d'apprentissage et aux échecs qui s'ensuivent. La situation dégénère bien souvent parce que le problème de base reste sans réponse. On met alors en œuvre des moyens visant à diminuer les modes d'expression inadéquats de l'enfant en difficulté d'apprentissage (qui, rappelons-le, manque souvent de mots pour exprimer son malaise). De là le peu de possibilités qu'a l'enfant de compenser et l'exacerbation des symptômes, voire de ses défenses.

Si Marco avait été reçu en classe de troubles de comportement par une enseignante capable de répondre à ses besoins spécifiques, il n'aurait pas été un enfant nécessairement plus facile en classe, mais il aurait eu de meilleures chances d'être apprivoisé avant que tout éclate. S'il avait été évalué dès l'apparition des premiers signes de difficultés d'apprentissage, il aurait peut-être eu moins besoin de faire autant de bruit pour qu'on l'aide à régler ses problèmes. Si Marco avait eu un tempérament différent, il aurait évité la classe de troubles de comportement, et son « mal d'école » aurait pu s'exprimer par des symptômes différents, soit par des troubles intériorisés plutôt qu'extériorisés, et donc par de l'anxiété ou des affects dépressifs. Il aurait moins dérangé, mais il n'aurait peut-être pas reçu davantage l'aide qu'il était en droit de recevoir, étant donné l'état actuel des ressources en milieu scolaire.

Conseils aux parents

- Porter attention aux réactions de l'enfant à son retour de l'école. Lorsqu'il semble y vivre des difficultés de toutes sortes, prendre le temps d'écouter et de comprendre sa version des événements, puis aller chercher celle de l'enseignante pour avoir un portrait clair de la situation.
- Ne pas sous-estimer les sentiments d'injustice qu'il exprime par rapport à l'école, mais s'attarder à bien comprendre les deux côtés de la médaille avant de réagir.
- Aux premiers signes de difficultés d'apprentissage, demander qu'il soit évalué en bonne et due forme pour intervenir à temps et éviter que les problèmes ne dégénèrent en stress, en tristesse et en refus scolaire.
- Ne pas hésiter à demander un deuxième avis en cas de doute.
- Demander à voir et à participer au plan d'intervention individualisé qui sera fait pour votre enfant à l'école, s'il y est considéré comme étant en difficulté.
- Insister auprès de la direction d'école et de la commission scolaire pour qu'il reçoive les services recommandés.

- S'assurer, lorsqu'une orientation en classe spécialisée est souhaitable ou recommandée, que la nature des difficultés scolaires a été clairement identifiée afin que ce qui doit être fait le soit. Les enfants qui ont des difficultés spécifiques devraient recevoir l'aide spécialisée dont ils ont besoin.
- Collaborer de près avec les intervenants scolaires une fois les mesures d'aide mises en place.
- Se rappeler que collaborer peut parfois signifier en faire un peu moins que ce que vous faites déjà; d'autant plus si les intervenants estiment qu'une partie du problème vient de la trop grande pression vécue par l'enfant à l'école et à la maison.

Quatrième Partie

ÉCOLE, ADAPTATION ET APPRENTISSAGE

Chapitre 10

Quand les copains s'en mêlent

L'environnement familial dans lequel évolue l'enfant l'aide à forger son identité par un double mouvement d'identification et de refus d'identification aux modèles parentaux et à leurs attentes. Quant à l'identification aux pairs, elle joue un rôle prépondérant dans le développement de « l'identité scolaire » des enfants. En effet, la vie de groupe inhérente à l'école contribue largement à enrichir ou à défavoriser l'engagement scolaire des enfants, préfiguration de leur engagement social.

Plaisir d'apprendre, adaptation au monde extérieur et vie sociale stimulante sont gages d'engagement et de réussite scolaire. À l'école, l'enfant est appelé chaque jour, et d'une année à l'autre, à s'adapter à de multiples situations, à de nouvelles règles, à différentes méthodes pédagogiques, ainsi qu'à des enseignants et à des compagnons tous différents les uns des autres. Ce système, riche en expériences de toutes sortes, répond généralement bien aux besoins des enfants qui ne présentent pas de besoins particuliers, mais les plus vulnérables d'entre eux y sont fortement confrontés à leurs difficultés, et cela jour après jour. L'école comporte donc par elle-même des facteurs de risque du « mal d'école » dont l'impact émotionnel s'exerce constamment sur les habiletés d'adaptation, d'apprentissage et donc, sur l'épanouissement de l'enfant.

Avant d'aborder la question de l'impact des relations sociales à l'école, il faut mesurer celui de certaines expériences traumatisantes. Celles-ci paraissent parfois anodines ou banales, mais elles peuvent marquer de façon importante les sentiments qui sont associés au seul fait de devoir se présenter à l'école après un incident devenu «violence» pour l'enfant même si, dans la réalité, lui seul y aura accordé une importance capitale à cause de l'intensité de ce qu'il aura vécu. Colette Chiland, psychiatre française, rapporte à ce propos des expériences qu'elle a elle-même vécues comme traumatisantes à l'école. Tout en précisant n'avoir jamais été battue à l'école, elle traite de la « violence » du système scolaire dans son ouvrage *L'enfant, la famille, l'école*. Elle relate certains souvenirs où, injustement punie, elle n'a pu ni réagir ni s'expliquer et ainsi éviter la méprise devenue pour elle une agression ; elle se rappelle notamment l'humiliation vécue lorsqu'elle s'est « échappée » en classe devant tout le monde parce qu'on lui avait interdit de se rendre aux toilettes en dehors des moments prévus à cette fin. Les enfants qui consultent en psychiatrie ont souvent des souvenirs semblables ; ils nous racontent comment des adultes les ont heurtés et humiliés à l'école. De tout temps, ces petits et grands traumatismes scolaires ont marqué l'histoire d'écoliers qui, à cause de leurs rythmes et besoins particuliers, ont souffert des contraintes imposées par l'école elle-même.

Les mal aimés

Les histoires de cour d'école sont de celles qui restent gravées longtemps dans la mémoire. Certains vivent là leur plus grand « mal d'école ». Ils ont le souvenir très pénible d'avoir été rejetés ou bafoués par leurs compagnons, ce qui est fréquent chez ceux qui vivent des difficultés d'apprentissage. Il faut bien se rappeler que les groupes d'enfants sont organisés en systèmes plus ou moins complexes; dans chaque classe, on retrouve le « bollé » ou le brillant (communément appelé le « nerds » quand, en plus d'être « trop bon » à l'école, il se montre trop sérieux comparativement aux autres), le sportif, le populaire, mais aussi le bouc émissaire ou la tête de turc, le tannant, le « poche » ou l'« ortho » (le pas-intelligent-qui-va-chez-l'orthopédagogue), le timide, l'éternel absent, le perpétuel retardataire, le gros, le bébé-la-la, le clown...Il y a aussi des classes qui ont des étiquettes : les TC (troubles de comportement) et les DGA (difficultés graves d'apprentissage).

Dans tout milieu, chacun a sa couleur, mais à l'école, ceux qui portent des étiquettes peu flatteuses paient cher le manque de ressources en milieu scolaire. Ces étiquettes résistent souvent au temps ainsi qu'aux interventions des adultes, tout simplement parce que les enfants ont intérêt à cibler quelqu'un d'autre sur qui diriger les railleries. Au sein d'un groupe, il devient avantageux pour chacun de maintenir l'enfant ciblé, généralement choisi à cause de ses difficultés ou de sa différence, dans sa position de victime. Il arrive même que celui-ci, prisonnier d'une image, soit terrorisé par l'obligation de faire face, jour après jour, à ses « bourreaux » et que cela exige suffisamment d'énergie de sa part pour que ses apprentissages en souffrent.

Le seul fait de devoir se retrouver dans la cour d'école à l'heure de la récréation empêche certains enfants de s'endormir le soir parce qu'ils pensent à ce petit groupe qui les a choisis comme boucs émissaires. Le problème majeur consiste en ce que ce type de rejet est rarement provisoire. Les écoliers ainsi ciblés risquent fort de garder ce rôle de bouc émissaire tout au long de leur scolarité s'ils restent à la même école. Quand on a essayé en vain que les choses changent, il arrive qu'il faille changer d'école. Encore que certains écoliers ont le don de se mettre les pieds dans les plats à répétition ; lorsqu'ils sont stressés, ce qui est le cas la plupart du temps, ils sont maladroits dans leurs gestes et dans leurs relations interpersonnelles.

Les enfants mal aimés par leurs compagnons souffrent souvent en silence parce qu'en plus de se sentir seuls, ils ont parfois honte de montrer qu'ils sont rejetés devant ceux qu'ils aiment le plus, leurs parents. L'école est pour eux un lieu d'humiliation. N'être jamais choisi pour les travaux d'équipe, être toujours appelé en dernier quand il s'agit de former des équipes sportives, tout cela est très difficile à vivre ; ces enfants se retrouvent souvent seuls à faire les cent pas dans la cour d'école au moment des récréations.

Ces enfants ont parfois un ou deux amis qui vivent dans le voisinage. Pourtant, il n'est pas rare que ces derniers leur demandent « gentiment » de ne pas leur parler à l'école, de ne pas dire aux autres qu'ils jouent ensemble hors de l'école, parce qu'ils craignent d'être associés à eux et de subir le même sort. Il y en a d'autres, par contre, qui se comportent en « valeureux chevaliers » et qui prennent la défense de ces boucs émissaires avec conviction, mais sans devenir des amis pour autant. L'isolement est lourd pour ces enfants qui n'ont pas su établir de liens avec leurs compagnons, bien souvent faute d'habiletés sociales.

Habiletés relationnelles et sociales

Pour que l'intégration au groupe se fasse le mieux possible, l'écolier doit posséder un minimum d'habiletés relationnelles. Celles-ci s'acquièrent en premier lieu et en grande partie dans la famille. Un adage nous enseigne que :

> *Un enfant élevé dans le respect saura respecter les autres, un enfant élevé dans la patience saura se montrer patient, un enfant élevé dans l'empathie saura se mettre à la place de l'autre…*
>
> Auteur inconnu

Les habiletés relationnelles, lorsqu'elles sont utilisées avec des compagnons, favorisent les habiletés sociales (coopération, collaboration, etc.) et donc l'intégration au groupe, l'adaptation à l'école et, finalement, la capacité d'apprendre. Voici quelques définitions de certaines habiletés relationnelles et sociales qui sont hautement sollicitées à l'école :

- le partage : prêter, demander avant de prendre ;
- l'empathie : être capable de se mettre à la place de l'autre ;
- la coopération : faire quelque chose à deux, ensemble ;
- la collaboration : s'aider mutuellement dans la poursuite d'un but ;
- le respect de soi et des autres : savoir exprimer et faire valoir son point de vue, puis savoir écouter et tenir compte de celui de l'autre ;
- le dialogue : pouvoir régler les conflits avec des mots plutôt qu'avec des coups.

Vivre en groupe, c'est savoir s'engager et s'arrêter quand il le faut. C'est aussi comprendre que sa liberté s'arrête là où commence celle de l'autre. Les enfants incapables de telles habiletés relationnelles se font généralement mettre à l'écart du groupe et ont beaucoup de mal à regagner l'estime des enfants qui ont goûté au manque d'empathie, de respect et d'entraide mutuelle. Ainsi, même lorsque ces enfants développent ces habiletés, ils doivent se refaire une image au sein du groupe, ce qui n'est souvent pas une mince affaire. Ils se retrouvent dans la peau de l'élève « rejeté » ou tout simplement « ignoré ». Au mieux, ils sont « tolérés », mais ils vivent quand même un sentiment de rejet du seul fait de ne jamais être choisi par un groupe lors de la formation des équipes en classe ou aux sports. Les mieux nantis au plan des habiletés relationnelles sont généralement bien « acceptés » ou, encore mieux, « recherchés ». La popularité d'un élève au sein d'un groupe est souvent un moteur d'apprentissage, à moins que cette popularité et que l'emphase mise sur l'aspect social ne prennent toute la place.

Rôles et victimisation

Chaque enfant se définit ou se fait imposer un rôle dans un groupe. Cela est vrai pour le bouc émissaire comme pour les autres. L'enfant adopte un rôle par dépit ou « pour ne pas être démasqué », comme c'est le cas pour le clown qui est souvent triste et qui joue un rôle pour obtenir de l'attention. À l'intérieur des murs de l'école, leurs problèmes sont moins apparents qu'extra-muros. Pensons à ce qui se passe dans les autobus scolaires, aux drames qui se vivent parfois aux heures de récréation ou sur le chemin de l'école. Les intimidations de toutes sortes sont choses courantes en ces lieux de transition où les jeunes sont à l'abri des regards des adultes. Parmi ces formes de violence, le taxage, c'est-à-dire le fait d'utiliser des menaces pour obtenir des biens matériels de ceux qui en sont victimes, est de plus en plus répandu, et dans des populations d'enfants de plus en plus jeunes. Pour freiner ces comportements agressifs à l'école, il est essentiel d'offrir une supervision étroite, même dans les lieux de transition (autobus et cour d'école), de donner aux jeunes agresseurs des sanctions logiques et non violentes, d'assurer une communication serrée entre les parents et les intervenants scolaires, et de fournir aux jeunes des occasions de développer des habiletés interpersonnelles acceptables à l'intérieur de milieux sociaux équilibrés.

Il arrive parfois qu'un élève devienne « populaire » à cause de comportements « défiants » qui impressionnent les enfants. Ces derniers préfèrent en être l'ami plutôt que de se le mettre à dos. Parce que « *If you can't beat them, join them* » (adage populaire), certains enfants se lient vraiment d'amitié avec ces jeunes « caïds », justement parce qu'ils en ont peur. Ces « faux-défiants » se retrouvent parfois en position d'exécutants dans des plans qui sont conçus pour transgresser les règles. L'un est renforcé dans son image par des compagnons qui le respectent (pour ne pas en devenir la victime) et l'autre se fait prendre et paie la note sans oser dénoncer son « collègue ».

Changer d'image ? Pas possible !

Sébastien a eu 12 ans au moment de sa 5e année, qu'il reprenait. Il avait acquis le respect des élèves de sa classe à cause de sa façon de répondre constamment aux enseignants et d'accumuler les suspensions. Cependant, devant la menace d'être orienté vers une classe pour élèves ayant des troubles de comportement, il s'est retrouvé coincé, affirmant ne pas pouvoir changer d'image en plein milieu d'année car il passerait pour un « nerds » (étiquette réservée aux enfants intellectuels qui se conforment tout à fait aux règles du système scolaire), ce qui aurait été l'insulte suprême pour lui.

Ce qui le valorisait dans la vie, c'était cette image de « yo », qu'il prenait bien soin de vernir chaque matin en adoptant un style vestimentaire particulier et marginal, marquant ainsi son appartenance au groupe auquel il appartenait, ainsi que son attitude défiante de je-m'en-foutisme. Par contre, en allant en classe de troubles de comportement et en changeant d'école, il perdait les amis qu'il avait réussi à se faire, après avoir déjà perdu un premier groupe d'amis en recommençant son année. Son attitude, lorsqu'il était en contact avec la direction et les intervenants de l'école qui voulaient l'aider, se mit donc à changer. En classe par contre, en présence de ses compagnons, il lui était impensable de changer. Il commença à devenir très anxieux et à développer de plus en plus d'acné, ce qui mina encore un peu plus sa confiance en lui. En fait, ce jeune n'avait rien d'un « vrai » caïd capable de transgresser les règles sans aucun scrupule. Sébastien avait une image qui lui causait des ennuis, mais il ne savait pas comment s'en débarrasser.

Rester à son école sans perdre la face ? Tout un défi pour un jeune qui s'était fait prendre à son propre jeu. En désespoir de cause, il promit à ses parents et à la direction de l'école qu'il changerait dès septembre prochain mais qu'en attendant, il ferait semblant d'être comme avant aux yeux de ses pairs ; il s'engageait tout de même à faire tout ce qui lui serait demandé. Sébastien vivait un problème réel et il fallait lui prêter main forte. Comment l'aider à sortir de cette image dans laquelle il s'était emmuré sans qu'il ait le sentiment de perdre la face… ce qui dans son cas signifiait de tout perdre ?

Les adultes qui sont régulièrement en contact avec un enfant prisonnier de son rôle au sein d'un groupe sentent généralement bien la détresse qui y est associée. Mais ils manquent parfois d'empathie à son égard et deviennent intolérants, ce qui amplifie le mal-être de l'écolier qui, lui, n'a plus de pôle de référence pour s'engager à l'école. Quels que soient les événements, c'est toujours le besoin de reconnaissance de l'enfant au sein du groupe qui prend toute la place même si, au fond, il aimerait pouvoir se conformer à ce qu'on attend de lui. Dans de telles situations, l'apprentissage proprement dit devient secondaire pour eux, tant la souffrance est grande au plan identitaire.

Conseils aux parents

- Ne pas sous-estimer les expériences de socialisation avant l'entrée à l'école et tout au long du parcours scolaire.
- Rester attentif à ce que raconte (ou ne raconte pas) l'enfant au retour de l'école. Comment vous représentez-vous sa vie sociale à l'école d'après les indices qu'il vous donne et ce qu'il vous en raconte ?
- En cas de doute, vérifier auprès de l'enseignante quels types de liens l'enfant établit avec les autres.
- Faire faire par l'enfant un diagramme de la classe, afin de mieux connaître son rôle au sein du groupe et de lui faire prendre conscience de ses alliés. Il s'agit de faire une représentation graphique de tous les élèves de la classe et de demander à l'enfant de tracer des flèches entre les noms des enfants qui ont des liens entre eux en indiquant, à l'aide de couleurs différentes, s'il s'agit de liens positifs ou négatifs, puis de préciser à l'aide de flèches le sens dans lequel sont dirigés les sentiments exprimés par ce diagramme. Vous serez alors en mesure de mieux voir où votre enfant se situe, d'identifier sa place dans le groupe :

recherché, accepté, toléré, ignoré, rejeté, leader... En discutant avec lui autour de cette activité, vous risquez d'en apprendre plus long qu'en lui posant des questions directes sur le sujet.

- Encourager l'enfant à participer à des activités parascolaires, que ce soit à l'école ou en dehors de l'école, afin qu'il ait la chance de développer ses habiletés sociales dans des secteurs différents, de préférence dans un secteur d'activités où il est déjà compétent. Ainsi, il pourra mettre son énergie à tisser des liens significatifs plutôt que d'être orienté vers des activités où la tâche prédomine sur les relations qui s'établissent au sein du groupe.
- Si l'enfant a des difficultés à s'intégrer à son groupe, faire appel aux professionnels qui oeuvrent en milieu scolaire (enseignants, psychoéducateurs, psychologues...).
- Insister auprès de l'école pour que les enfants qui fréquentent les classes spécialisées participent aussi à des activités où ils peuvent côtoyer ceux et celles qui fréquentent les classes régulières.
- Parfois, quand la situation est vraiment hors de contrôle et que vous êtes à bout de ressources malgré l'aide reçue, il ne reste qu'à opter pour un changement d'école, mais assurez-vous que l'enfant est en mesure de s'y faire une nouvelle image.

CHAPITRE 11

BYE-BYE PROF !

Nous gardons tous des souvenirs de notre histoire scolaire. Des professeurs nous ont marqués, nous nous rappelons des anecdotes, et ces images meublent un coin de notre mémoire. Il n'est pas rare d'attribuer nos réussites ou nos échecs à certains de ces enseignants qui ont su attiser notre désir d'apprendre et de nous surpasser ou, au contraire, qui l'ont éteint ou qui ont même réussi à nous dégoûter de l'école.

La relation qui s'établit entre un enseignant et un élève est souvent déterminante pour la réussite scolaire et pour l'engagement de l'enfant à l'école. Cela est vrai pour tous les enfants au début ; en ce qui concerne l'enfant qui éprouve des difficultés à apprendre ou à s'adapter à sa classe, cela le demeure souvent pendant tout son parcours scolaire.

L'enfant qui entre à l'école quitte peu à peu les « années magiques » au cours desquelles ses parents ont été les seuls à lui procurer des soins et de l'affection, à moins qu'il ait déjà franchi une première fois cette étape en fréquentant une garderie. En accompagnant l'enfant vers sa vie scolaire, les parents acceptent de transférer leur autorité à ceux qui prendront le relais d'une part importante de l'éducation de l'enfant. Ils permettent ainsi à leur enfant de s'attacher à ces nouvelles personnes qui feront désormais partie de son entourage immédiat afin que celles-ci deviennent significatives.

Quand la relation soutient l'apprentissage

Les premières relations élève-enseignant sont bien souvent déterminantes dans l'engagement et la réussite de l'enfant à l'école. Il est clair que plus l'enfant évolue avec facilité dans ce milieu, moins il a besoin de l'enseignant pour l'y guider. En contrepartie, l'enfant qui manque de sécurité ou qui éprouve certaines difficultés à apprendre ou à se relier aux autres a besoin d'un plus grand soutien de la part de son enseignant pour l'aider à s'adapter et à apprendre. Plusieurs enfants sont donc fort dépendants de leur professeur au début de leur scolarité et certains ont plus de mal que d'autres à développer l'autonomie nécessaire à la vie scolaire. L'attachement de l'enfant à l'adulte qui s'occupe de lui à l'école est généralement issu du transfert de l'autorité parentale vers cette nouvelle personne qui devient un pôle de référence très significatif.

On sait combien l'affectivité et les capacités d'apprendre sont intimement liées et, pour cette raison, le départ d'un professeur en cours d'année est souvent vécu comme une grande perte pour l'enfant; cela est particulièrement vrai pour les plus vulnérables, ceux qui vivent des difficultés d'adaptation ou d'apprentissage. Il s'agit parfois d'un véritable deuil qui doit être vécu étape par étape et au cours duquel les sentiments de l'enfant doivent être pris au sérieux.

Depuis l'annonce du départ jusqu'au dernier jour de classe avec cet enseignant, le deuil de l'enfant prend différentes formes: larmes, colère, apathie, désintérêt, agitation, nervosité, etc. L'écolier manifeste d'abord sa peine au moment de l'annonce, mais il ne la vit souvent pleinement qu'au moment du départ réel. Entre les deux, il y a la crainte de la nouveauté, de ce qui arrivera ensuite, et souvent la peur de celui ou celle qui prendra la relève. Il s'agit là de réactions bien normales.

Libération ou… peine d'amour

La motivation pour l'école découle dans un premier temps de l'arrimage qui existe entre l'enfant et son professeur. En général, le jeune écolier veut apprendre à lire, à écrire et à compter, mais il dépend de son professeur pour ce faire. Plus il grandit, plus sa motivation lui permet de devenir autonome et de poursuivre ses acquisitions scolaires. Il est guidé par son enseignant tout en étant de plus en plus capable d'initiative, de créativité et d'autonomie, ce qui lui permet souvent de dépasser les exigences, de faire ses propres liens entre ce qu'il apprend et ce qu'il connaît déjà tout en développant des stratégies efficaces.

Pour d'autres, par contre, l'absence du plaisir d'apprendre ne permet pas que se développe ce type de motivation « intrinsèque », véritable moteur de l'apprentissage. La motivation demeure « extrinsèque », c'est-à-dire que ces enfants dépendent des circonstances extérieures pour apprendre. Pour eux comme pour les plus jeunes, le départ d'un professeur qui a su créer une relation facilitant leur apprentissage revêt souvent un caractère dramatique. En effet, ce départ représente plus que le départ de la personne elle-même. C'est souvent pour eux l'ensemble de leur monde scolaire qui se fragilise ou qui s'écroule en même temps que leur confiance et leurs raisons d'apprendre.

De la même façon, un enfant qui a besoin de ce type de relation particulière avec son enseignant, mais avec lequel cette relation pédagogique essentielle n'a pu s'établir positivement, se sent parfois soulagé, autant que ses parents d'ailleurs, au moment du départ de l'enseignant. Le changement d'enseignant en cours d'année devient alors, pour l'enfant et ses parents, porteur d'espoir, celui de trouver cette fois peut-être chez le nouvel enseignant cette relation qui lui redonnera le goût de fréquenter l'école.

Réactions normales et circonstances particulières

Mylène entre en 5e année. Premier jour d'école, catastrophe ! Alors qu'elle avait si hâte de reprendre le chemin des écoliers, elle redoutait sans trop y croire la terrible nouvelle qui s'est confirmée aujourd'hui. Elle sera dans la classe de... madame Frigon, la prof dont personne ne veut ! Celle-ci est réputée pour être très sévère, pour donner beaucoup de devoirs et ne pas faire de sorties avec sa classe. Pour Mylène, il s'agit vraiment d'une mauvaise nouvelle.

Quelques heures après l'annonce de cette nouvelle, elle apprend que madame Frigon prendra sa retraite en novembre... Ouf pour Mylène ! Toutefois, son véritable début d'année, comme celui des autres élèves de la classe, sera reporté de deux mois faute de pouvoir investir cette enseignante qui a déjà un pied dans la porte. Pour elle, la situation n'est pas dommageable car elle se débrouille bien seule, sans accorder trop d'importance à la personne qui lui enseigne. Mylène n'a aucune difficulté d'apprentissage, elle veut apprendre, poussée par sa propre curiosité. Par contre, certains élèves trouveront ces deux premiers mois difficiles parce qu'ils ont besoin d'une relation privilégiée avec l'enseignante pour apprendre; or, ils n'auront pas l'occasion de construire cette relation avec celle qui n'est en charge de la classe que de façon temporaire, surtout s'ils ont entendu parler de la réputation qu'elle avait auprès des élèves.

Des parents inquiets

Les parents réagissent souvent par de l'inquiétude à l'annonce du départ de l'enseignant de leur enfant en cours d'année, particulièrement quand ce dernier vit des difficultés scolaires. Ils ont souvent travaillé très fort pour accepter de faire confiance et de déléguer leur autorité parentale au professeur pendant les heures d'école. Ils se questionnent maintenant quant aux possibilités que la nouvelle enseignante soit capable d'en faire autant avec leur enfant. Cette anxiété, induite par le simple fait de la nouveauté, rejaillit sur l'enfant qui a finalement en tête les mêmes questions concernant le nouveau professeur.

Plus l'alliance parents-enfant-enseignant est solide, plus sa perte soulève des craintes. Les parents inquiets ont la plupart du temps le réflexe de vouloir rapidement être rassurés quant au maintien de tout ce qui avait été mis en place par l'enseignant pour améliorer la qualité de la vie scolaire de l'enfant en difficulté.

La même situation prévaut quand un spécialiste, ayant intervenu régulièrement auprès d'un enfant (orthopédagogue, orthophoniste, psychoéducateur, éducateur spécialisé, psychologue), doit partir et transférer la prise en charge à une nouvelle personne. L'enfant et ses parents s'affolent à l'idée que disparaissent ces pôles de référence devenus très importants dans leur vie scolaire et affective. Ils ont plus de mal à faire la place nécessaire au nouvel arrivant.

Pour éviter d'alourdir l'impact du départ d'un professeur ou d'un spécialiste, il importe de bien le planifier, quand c'est possible. La plupart des enseignants prennent soin de préparer leur départ, ce qui permet généralement d'en atténuer les conséquences et de faire place à la relève. Les parents ont toujours avantage à veiller à ce que le transfert d'un enseignant à l'autre soit fait dans les meilleures conditions possibles; pour cela, ils doivent faire plus confiance que moins au nouvel arrivant et aux capacités d'adaptation de l'enfant.

Plus qu'une grosse peine d'amour

Le départ d'un enseignant en cours d'année est vécu comme un vrai traumatisme par certains enfants, même quand ils n'ont pas de difficultés scolaires. En fait, tout départ réveille en chacun des sentiments plus ou moins vifs qui rappellent, consciemment ou inconsciemment, des expériences antérieures de perte ou de séparation avec les premiers objets d'amour.

Pour Charles, par exemple, le départ de son professeur de 2e année a soulevé chez lui des sentiments de profonde détresse et a provoqué des réactions tout à fait exagérées aux yeux de son entourage, puisque ce départ avait été préparé plusieurs mois à l'avance. La peine de ce petit garçon de 7 ans, qui venait de traverser la séparation de ses parents sans véritable réaction et qui s'était adapté mieux que quiconque à une garde partagée survenue subitement dans sa vie, a consterné tout son entourage par son intensité. Larmes, cauchemars, perte de vivacité, désintérêt soudain pour l'école, autant de réactions incompréhensibles qui rendaient ses parents impuissants et désemparés. On peut penser que cette perte réactivait d'un coup tous les sentiments qu'il n'avait pas su reconnaître ni oser exprimer au moment de la séparation de ses parents. Cette situation devenait un exutoire parfait pour laisser sortir toutes les larmes jusqu'ici contenues afin de ne pas inquiéter ses parents déjà aux prises avec leur grande culpabilité.

Dans cette perspective, il convient de ne pas sous-estimer les réactions des enfants qui partagent année après année de grands pans de vie avec ces enseignants et spécialistes qui sont parfois appelés à quitter leur classe en cours d'année ou qui, par la force des choses, le font au terme de l'année scolaire, avec toutes les émotions que ces séparations font vivre aux enfants. Il ne faut donc pas minimiser l'impact du roulement important des intervenants scolaires dans les écoles. Au contraire, il faut se rappeler que, pour tout enfant, les adultes qui prennent des places significatives dans leur vie ne sont pas interchangeables. Les écoliers ont déjà à faire face quotidiennement à beaucoup de changements; d'où l'importance de bien les accompagner dans ces processus où leurs mécanismes d'adaptation sont constamment mis à l'épreuve.

Vivre le départ et continuer à grandir

Tout changement dans la vie d'un enfant exige des capacités d'adaptation plus ou moins grandes, selon la situation en jeu. Le départ d'un être significatif est souvent vécu avec des sentiments de perte qui soulèvent de vives émotions. Cela est d'autant plus vrai chez les enfants qui vivent des difficultés scolaires et qui ont développé toute leur motivation scolaire autour de cette nouvelle figure d'attachement qu'est le professeur. Les peines qui s'expriment alors de mille et une façons doivent être prises au sérieux par leur entourage, car même si les enfants ont en général de grandes capacités d'adaptation, ces bris de relations ont parfois des conséquences sérieuses sur leur vie scolaire et affective. Par ailleurs, ces expériences de renoncement sont aussi des occasions d'apprendre à faire face sans perdre tous ses moyens. La vie étant ainsi faite, ils auront plus d'une fois à vivre de telles séparations.

Peut-on croire qu'on va trouver dans une nouvelle personne ces traits que l'on a tant appréciés chez celle qui s'en va ? Ce genre d'attente engendre nécessairement de grandes déceptions, chez les parents comme chez leur enfant. Par contre, il faut prendre le temps d'accepter de vivre ce deuil en reconnaissant les émotions qui s'y rattachent et les aspects qu'on a appréciés dans la relation. Cela aide l'enfant à constater qu'il est possible de garder en lui, sous forme de souvenirs positifs, tout le « bon » qu'il a reçu.

Il ne faut pas prendre à la légère le départ d'une personne aussi significative que le professeur dans la vie d'un enfant, mais il importe qu'une fois les émotions reconnues et acceptées, les parents se sentent concernés par leur rôle d'accompagnateur de l'enfant au cours de ces événements qui feront bientôt partie de leurs souvenirs.

Conseils aux parents

Pour minimiser l'impact du départ d'un intervenant significatif et aider les enfants à traverser cette étape, les parents et l'équipe-école ont avantage :

- à préparer le mieux possible les enfants à ce départ en leur parlant et en les invitant à s'exprimer eux aussi ;
- à utiliser un calendrier pour que l'enfant voit le nombre de jours qu'il lui reste à partager avec celui qui quitte et pour qu'il puisse se préparer à l'échéance du départ ;
- à être attentifs aux réactions de l'enfant tout au long du processus de deuil, en évitant autant que possible de minimiser ou de dramatiser la situation ;

- à nommer les émotions qu'on croit reconnaître chez l'enfant au cours de cette période ;
- à encourager l'enfant à prendre le temps de dire « au revoir » à celui ou celle qui quitte, avant son départ réel, même si cela semble difficile pour lui ;
- à encourager l'enfant à garder un petit « morceau » de celui ou de celle qui s'en va (dessin, photo ou dessin fait par l'enfant) ;
- à faire une fois de plus confiance au potentiel d'adaptation de l'enfant et au système scolaire ainsi qu'aux intervenants qui y sont rattachés ;
- à laisser le nouvel arrivant vivre quelques jours avec votre enfant avant de demander une rencontre avec lui ; cela peut s'avérer nécessaire pour mettre en place de nouvelles conditions particulières pour des enfants qui ont des besoins spécifiques.

Chapitre 12

Système scolaire et ressources spécialisées

Les histoires d'Étienne, d'Antoine, de Martin, de Marc et de Noémie racontent ce que des milliers d'enfants aux besoins particuliers vivent chaque jour à l'école. Quand ces enfants et leurs parents se buttent au manque d'accessibilité des ressources spécialisées, en plus des problèmes strictement scolaires, la situation s'amplifie et, dès lors, ce sont les relations familiales qui en font les frais, ce qui évidemment n'arrange rien. Voici, à ce sujet, quelques éléments de réflexion qui s'adressent aussi bien aux autorités scolaires qu'aux intervenants et aux parents.

• En premier lieu, force est de constater que, malgré la reconnaissance théorique des différences entre le développement des garçons et celui des filles, l'école continue à avantager ces dernières qui, on le constate au primaire, présentent moins de troubles d'adaptation et d'apprentissage. Dans la réalité, tient-on vraiment compte des différences ? Les garçons, qui tolèrent moins bien la « position passive » dans la relation entre l'enseignant et l'enseigné, ne sont-ils pas nettement désavantagés ? Chose certaine, les filles apprennent généralement mieux en écoutant alors que les garçons ont souvent plus de facilité à apprendre en regardant et en jouant un rôle plus actif.

Malgré certains efforts pour diversifier les stratégies d'enseignement, le corps enseignant du niveau primaire, parce qu'il est principalement composé de femmes, contribue à maintenir l'écart entre les habiletés d'apprentissage des garçons et celles des filles. Celles-ci profitent, en effet, d'un meilleur arrimage entre leur style cognitif et celui de leur professeur.

• Quand la famille, voulant suppléer au manque de ressources spécialisées, se met à en faire trop et à prendre trop de place dans l'apprentissage scolaire de l'enfant, les résultats positifs ne sont pas durables. L'objectif est louable, mais le moyen est souvent vain. Cette situation engendre parfois des problèmes supplémentaires – tensions et conflits – parce que l'enfant, de retour de l'école, n'aime généralement pas voir ses parents se substituer au professeur. L'écolier se sent alors « décevant » et en difficulté à la maison comme à l'école, le soir comme le jour, avec ses parents comme avec ses professeurs et ce, de façon constante. Cette situation peut aussi retarder son autonomie au plan scolaire, l'enfant recevant une attention hors de l'ordinaire, qu'il peut inconsciemment craindre de perdre.

Les enseignants savent combien le rapport qui s'établit entre eux et les élèves est déterminant pour la réussite scolaire et que ce lien suffit parfois à garder ou à remettre en piste les enfants plus vulnérables, ceux qui ont des besoins particuliers. Par ailleurs, devant des parents qui demandent des services particuliers pour leur enfant, les enseignants ayant déjà une lourde tâche sont portés à répondre qu'il n'y a que peu de ressources disponibles. Ils ajoutent que, pour leur part, ils ne peuvent donner un statut particulier à leur enfant parce qu'ils ont à s'occuper d'une trentaine d'élèves.

Sans négliger cet aspect de la question, on constate quand même que la majorité des enfants poursuivent leurs classes sans intervention particulière de la part de leur enseignant. Il faut aussi se rendre compte que la minorité d'enfants ayant besoin d'un soutien particulier ne peuvent s'en sortir si leur principal accompagnateur à l'école ne reconnaît pas réellement leurs besoins spécifiques. Comment? En y portant une attention particulière (en offrant par exemple des périodes de récupération ou en acceptant d'individualiser quelque peu l'enseignement pour ces élèves qui profiteraient de mesures particulières, le temps de rebâtir leur confiance en eux) ou en insistant pour qu'ils soient orientés vers des services spécialisés qui, au terme de la loi, doivent être disponibles. Dans les faits, ces services sont rares et toujours réservés à « d'autres qui en ont plus besoin ». Cette phrase, les parents la connaissent trop bien et l'entendent trop souvent quand ils essaient d'obtenir des services spécialisés pour leur enfant.

• De l'intervention individuelle au suivi orthopédagogique en sous-groupes, des classes et des écoles spécialisées au retour à l'intégration des élèves en difficulté dans les classes régulières, on offre à tour de rôle depuis plusieurs années des modalités d'intervention aux élèves qui ont les besoins les plus criants. En privilégiant d'année en année des modes différents d'intervention auprès des élèves en difficulté (en optant tour à tour pour l'intervention directe auprès de ces élèves hors de leur classe puis en les intégrant « coûte que coûte» dans les classes régulières), le système scolaire fait en quelque sorte son propre procès et conclut que ces solutions, souvent partielles et temporaires, ont un impact généralement limité sur les problèmes rencontrés.

• À l'instar des enseignants, les différents spécialistes qui œuvrent en milieu scolaire ont une lourde tâche, ce qui explique également que les services spécialisés offerts dans les écoles soient non seulement insuffisants, mais souvent pas assez efficaces pour répondre aux besoins des enfants. Ceux-ci ont droit à certains services offerts en groupe ou individuellement, à condition de répondre à des critères précis qui varient souvent d'une école à l'autre et d'une année à l'autre, selon les priorités et les besoins identifiés dans chaque école. Toutefois, l'enfant qui est orienté vers une classe spécialisée – qu'on sait par ailleurs peu efficace pour faciliter l'intégration scolaire et pour obtenir le diplôme d'études secondaires – se voit généralement coupé de la possibilité d'une intervention individuelle, en orthopédagogie par exemple, puisqu'on considère qu'il reçoit déjà des services spécialisés du fait qu'il est inscrit dans une classe placée sous la responsabilité d'un spécialiste. Nous savons pourtant que, dans certains cas, ce type d'approche individuelle est essentiel, par exemple pour ceux qui ont des troubles spécifiques d'apprentissage et qui doivent non seulement récupérer leurs retards scolaires, mais aussi développer des stratégies compensatoires adaptées à leur style cognitif particulier afin d'être un jour en mesure d'apprendre sans toujours compter sur l'aide d'autrui.

• L'orientation des enfants qui ont des difficultés scolaires représente souvent un problème de taille auquel les autorités scolaires ont peine à répondre. Il semble que les mesures proposées le soient le plus souvent par dépit plutôt qu'en réponse à une indication clairement identifiée qui mènerait à un programme de rééducation individualisé et adapté aux besoins réels de l'enfant. Le problème tient souvent à l'insuffisance de ressources, mais il s'explique aussi par les critères qui déterminent les services offerts aux enfants selon leurs besoins respectifs. Ce n'est pas parce qu'un enfant a accumulé deux ans de retard dans une matière qu'une classe spécialisée saura répondre à ses besoins. Encore faut-il comprendre pourquoi cet enfant accuse un tel retard.

L'évaluation de la nature même des difficultés de l'enfant fait souvent défaut et limite les possibilités d'intervenir à temps et efficacement. Pourtant, il est plus profitable d'aider un enfant avant que sa situation ne dégénère, dans la mesure où on peut instaurer un programme d'aide individualisé plutôt que d'attendre que cette situation s'envenime au point de devenir irréversible. L'évaluation de la nature des problèmes présentés peut aussi éviter de confondre l'agitation motrice liée à une dépression de l'enfant – agitation qui sert à moins sentir cet état – avec un syndrome d'hyperactivité pour lequel on demande au médecin une médication dans le but de contrôler ses comportements dérangeants.

• Peut-être faudrait-il encore réviser nos moyens d'action, nos modes d'évaluation, notre système scolaire et peut-être même la formation des maîtres afin que ceux qui sortent de l'université, diplôme en main, soient en mesure d'évaluer la nature des problèmes scolaires présentés par les enfants et donc d'intervenir en toute connaissance de cause. Il semble que bien des choses soient à repenser pour que l'école réponde véritablement aux besoins de chacun. Utopie ? Peut-être... mais une chose est claire : en ce domaine comme en d'autres, il reste beaucoup de chemin à faire pour en arriver à un système d'éducation capable de répondre aux enfants en difficulté.

Les enfants, nous l'avons vu, finissent par présenter des problèmes parfois fort complexes à cause de l'interrelation des symptômes qui se tissent tout au cours de leur parcours scolaire et qui empirent, d'échec en échec. Alors, on les oriente souvent vers des ressources extérieures qui comportent aussi leurs limites ; il s'agit de services privés qui ne permettent pas l'intervention d'une équipe multidisciplinaire indispensable dans certains cas à une lecture plus complète de la situation problématique. De plus, seuls les parents qui peuvent en défrayer les coûts y ont accès. Lorsque le problème est plus sérieux ou qu'il s'est complexifié avec le temps, les services publics, comme les équipes de pédopsychiatrie en milieu hospitalier, peuvent aussi répondre à de telles demandes d'évaluation et d'intervention. L'approche interdisciplinaire qui y prévaut permet de mieux comprendre l'ensemble des facteurs en cause dans le problème de l'enfant et, en ce sens, s'avère essentielle au dénouement de certaines problématiques. Toutefois, l'accès y est souvent limité par le manque de ressources et par de longues listes d'attente.

• Quand l'affectivité se mêle aux troubles instrumentaux ou neurologiques, l'approche multimodale (modalités thérapeutiques combinées) est de mise. Dans une telle perspective interdisciplinaire, une approche médicamenteuse peut être proposée dans certains cas si elle s'avère nécessaire, en même temps que les interventions se mettent en place autour de l'enfant et, s'il y a lieu, de ses parents. Cela permet alors à l'enfant de profiter au maximum des expériences quotidiennes qui lui sont offertes et de vivre des succès, tant au plan social qu'au plan de l'apprentissage comme tel; sans médication, cela peut s'avérer impossible pour certains enfants. Ce type d'approche, où l'aide est apportée aux parents et à l'enfant, a aussi pour effet de contrôler en partie l'impact des facteurs éducationnels qui empêchent parfois les interventions « régulières » de porter fruit. En effet, si les parents dénigrent constamment l'école, invalident les enseignants et ne mettent pas ou peu de limites à leur enfant, toutes les interventions sont vouées à l'échec. Dans de telles circonstances, l'enfant ne parvient même pas à s'engager « affectivement » à l'école.

• Les problèmes que présentent les enfants de nos jours à l'école sont souvent de nature multi-factorielle. Le manque de services ne permet pas de prendre à temps tous ces éléments qui contribuent à compliquer la vie de l'écolier. Ces situations sont bien illustrées par l'histoire d'Antoine (voir « Quand les mots manquent », en page 93) ; qui, à partir d'un léger problème de langage, s'est retrouvé en échec, puis a versé dans la délinquance après avoir laissé l'école dès qu'il a pu mettre fin à ce cauchemar. Des facteurs langagiers, puis cognitifs, affectifs et sociaux se sont entremêlés au cours de son développement et ont nui à ses chances de réussir. Il se défend maintenant en crânant et en rejetant toutes les figures d'autorité qui, dans son enfance, n'ont pas su reconnaître les signes précurseurs de son « mal d'école » et qui n'ont donc pas pu agir et l'aider à temps.

• Les enfants qui manquent de frontières, de limites, de balises et de motivation se retrouvent en échec scolaire et remplissent les classes spéciales qui ne peuvent que répondre aux « enfants les plus en difficulté ». Le problème ayant eu le temps de se camper dans une problématique plus complexe, cela donne moins de chances à l'intervention de réussir comme elle le devrait. Or, il est évidemment plus avantageux d'intervenir à temps que d'intervenir trop tard. Il existe des programmes de prévention en milieu scolaire, mais trop souvent encore, seuls les enfants ciblés en profitent, ceux qui sont considérés comme étant les plus à risque dès leur entrée à l'école. Les autres, ceux qui ne dérangent pas, ces enfants « trop tranquilles » (inhibés, anxieux, repliés sur eux-mêmes), tout comme ceux qui n'ont tout simplement pas encore développé de comportements inadaptés pour exprimer leurs difficultés, sont généralement dépistés trop tard. Par chance, les enseignants sont généralement très concernés par l'évolution des enfants qui leurs sont confiés. Ils sont les premiers sur la ligne de front, avec les parents bien sûr, pour détecter les signes du « mal d'école ».

LES SIGNES DU « MAL D'ÉCOLE »

- échecs scolaires (avec ou sans raisons cognitives) ;
- absence d'intérêt ;
- intolérance à la frustration ;
- impulsivité et difficulté à gérer ses émotions ;
- tristesse, dévalorisation et découragement ;
- problèmes de comportement ;
- problèmes de socialisation ;
- troubles d'apprentissage ;
- craintes, anxiété et phobie scolaire ;
- inhibition intellectuelle ou sociale ;
- immaturité et dépendance à l'adulte ;
- maux physiques liés au stress (de ventre ou de cœur par exemple ou encore énurésie et difficultés de sommeil) pendant les jours d'école.

Conseils aux parents et moyens pratiques

- Être attentif aux émotions et aux comportements de l'enfant afin de vous assurer d'être au fait de ce qu'il vit réellement à l'école.
- Si l'enfant montre des signes de « mal d'école », se questionner sur les attitudes adoptées à la maison à son égard et sur celles de l'enseignant, en regard de ce qu'il présente.

- En cas de doute, aborder la question avec l'enfant, puis avec son enseignant qui demandera au besoin l'intervention d'un professionnel qualifié afin d'évaluer et de voir à ce que des pistes de solutions concrètes soient proposées pour remédier à cette situation problématique.
- Insister pour que l'enfant reçoive à l'école les services appropriés, si ceux-ci sont indiqués pour répondre à ses besoins.
- Si les intervenants scolaires ne sont pas en mesure d'aider l'enfant parce que le problème est mal cerné, en discuter avec le médecin de l'enfant qui jugera de la pertinence de recommander des évaluations supplémentaires dans des services externes comme les services publics, privés et gouvernementaux.
- Ne jamais laisser perdurer des problèmes scolaires qui rendent l'enfant visiblement malheureux ou qui le placent carrément à l'écart du système sans pouvoir en tirer parti.
- Pour toute question litigieuse concernant l'accès aux services spécialisés à l'école, il est parfois pertinent de s'adresser aux autorités scolaires, soit à la direction de l'école, à la commission scolaire et, au besoin, au ministère de l'Éducation.
- S'informer auprès d'associations qui offrent elles-mêmes ou qui peuvent vous diriger vers des ressources appropriées afin de savoir où, quand et comment réagir lorsque l'école ne semble pas être en mesure de répondre aux besoins des élèves en difficulté.

Conclusion

L'école, devenue accessible à tous, accueille chaque année des milliers d'enfants qui, généralement, profitent de ce milieu pour apprendre ce dont ils auront besoin plus tard pour vivre en société et assumer pleinement leur vie d'adulte. L'écolier est en mesure d'en profiter quand il parvient à s'y engager et à y trouver des bénéfices, tant au plan intellectuel qu'affectif et social.

Dans des circonstances normales, l'enfant qui ne présente pas de troubles d'apprentissage a tout ce qu'il faut pour réussir. Pourtant, ils sont nombreux à ne pas y parvenir. Ils n'aiment pas l'école, pas vraiment en tout cas. Va pour l'éducation physique, les arts plastiques et la récré, mais pour le reste, rien à faire. On passe de l'évitement à l'anxiété manifeste, du refus à l'abandon, de la soumission à l'inhibition sous toutes ses formes et, règle générale, de moins en moins à l'engagement scolaire. Ces élèves font leur chemin comme ils le peuvent, compte tenu des circonstances dans lesquelles ils ont été élevés et scolarisés. Nul besoin de troubles intellectuels ou neurologiques pour ne pas apprendre ! Le point déterminant, qui fera ou non de leur parcours scolaire un tremplin pour vivre heureux en société, se résume à cet arrimage plus ou moins bien réussi qui se vit dans les relations enfant-école-famille. Il suffit de peu parfois pour que ce système se détraque et que, dans les cas les plus problématiques, l'enfant en paie la note et aboutisse sur une voie qui l'empêche de réaliser ses aspirations, même les plus simples. Ainsi, le « mal d'école » ne vient pas uniquement ni nécessairement des troubles d'apprentissage connus traditionnellement et il existe même en l'absence de ces troubles.

Par ailleurs, certains élèves qui paraissent mal équipés à différents points de vue trouvent en eux et dans leur entourage les ressources nécessaires pour garder confiance, demeurer motivés et s'en sortir. Ainsi, malgré des problèmes d'apprentissage parfois sérieux, ces écoliers parviennent spontanément à compenser parce qu'ils se sentent bien sur le plan affectif. Ils ont confiance en eux, sont déterminés et se donnent le droit à l'erreur tout en restant convaincus de leur valeur, indépendamment de leurs problèmes.

Les Alexandre, Antoine et Noémie de ce monde auraient pu s'engager plus harmonieusement s'ils avaient grandi dans un climat affectif où un espace aurait été aménagé pour qu'ils déploient leurs ailes et grandissent en toute sécurité. Les parents de ces enfants ne peuvent déléguer leur autorité parentale (et donc faire suffisamment confiance pour laisser s'établir cet espace) que si le milieu auquel ils confient leurs enfants est apte à répondre aux besoins de ceux-ci, aussi spécifiques soient-ils, et à leur fournir les services nécessaires et suffisants pour les remettre en piste.

L'apprentissage s'inscrit avant tout dans des contextes où s'ancrent l'attachement et la confiance. C'est pourquoi le lien à l'autre, thérapeutique ou non, est une invitation à ce que chacun reprenne en main son potentiel pour s'actualiser, en dépit des réalités qui font parfois obstacle. Tout adulte devenu significatif pour l'enfant et qui choisit de l'accompagner dans des expériences quotidiennes est susceptible d'assumer un rôle de médiateur afin qu'une rencontre devienne possible entre ce qu'est l'enfant et les attentes de son environnement. De cette relation, l'enfant retire la conviction d'être valable, ce qui est pour lui un puissant moteur d'adaptation. Ce sentiment, porteur d'espoir, le conduit éventuellement à être fier, à prendre goût à l'effort et au dépassement de soi.

Nous avons traité ici du lien très étroit qui existe entre l'affectivité et l'apprentissage, d'abord sous l'angle du développement de l'enfant au sein de sa famille et à l'école, puis sous celui de sa vie scolaire en relation avec ses amis et ses enseignants. De plus, nous avons vu combien les déficits liés à l'utilisation de certains outils d'apprentissage le rendent sujet au « mal d'école », à moins qu'il ne trouve en lui et dans son environnement les ressources affectives suffisantes pour compenser ses difficultés. Enfin, nous avons maintes fois insisté sur l'importance capitale de bien comprendre la situation de chaque enfant qui se retrouve aux prises avec un « mal d'école » – mal qui transforme sa vie d'écolier en cauchemar –, afin d'agir efficacement et d'éviter que sa vie d'adulte ne soit qu'une répétition de ces échecs.

Les histoires de Marc, de Loïc, de Mathilda et de tous les autres ont servi à illustrer des problèmes que nous observons quotidiennement. Par ailleurs, nous aurions pu poursuivre en parlant de tous ceux qui se retrouvent en panne à l'école parce qu'ils présentent différents syndromes psychiatriques (syndrome de Gilles de La Tourette, syndrome d'Asperger, psychose, etc.), de même que de ces enfants qui présentent de graves troubles de sommeil, qui ne mangent pas à leur faim, etc. D'autres dynamiques particulières mériteraient aussi d'être soulignées, comme celle de ces deux sœurs qui semblaient des alliées, l'aînée faisant les devoirs de la plus jeune, alors que dans les faits, il s'agissait pour elle d'éviter que soit détournée vers la cadette l'attention des parents qu'elle tolérait mal de partager.

Chaque histoire est unique et souvent complexe, compte tenu de tous les facteurs qui entrent en jeu lorsqu'il est question de l'adaptation de l'enfant à l'école. De là toute l'importance de voir chacun de ces enfants comme un être unique qui vaut la peine d'être traité comme tel.

Bibliographie sommaire

BERGER, Maurice. *Les troubles du développement cognitif*. Paris : Dunod, 1996. 214 p. (Enfances)

CHILAND, Colette. *L'enfant, la famille, l'école*. Paris : PUF, 1989. 261 p.

COUTOU-COUMES, Françoise. « Qu'est-ce qu'apprendre ? » *Le groupe familial*, no 121, octobre 1988. p. 83-88.

DANON-BOILEAU, H. et P. Lab. « L'inhibition intellectuelle : valeur symptomatique, mécanismes et significations. » *Psychiatrie de l'enfant*, vol 5, no 1, 1962. p. 43-173.

FORTIER, Danielle. « Phobie scolaire : mythe et légende. » *Bulletin de liaison de l'AQPS*, vol 11, no 1, 1998. www.aqps.qc.ca/bulletin/#Vol.11

GAUTHIER, Yvon. *La perspective historique de l'attachement, l'état actuel des connaissances et les implications cliniques*. Texte inédit présenté au Colloque « De l'attachement à l'abandon », Association des Centres jeunesse du Québec, avril 1999.

KLEIN, Francine. *Apprendre à penser, apprendre à aimer*. Paris : Odile Jacob, 1991. 135 p.

LAZARTIGUES, A. « La famille contemporaine « fait-elle » de nouveaux enfants ? » *Neuropsychiatrie de l'enfance et de l'adolescence*, vol 49, no 4, 2001. p. 264-276.

LEMAY, Michel. *Famille qu'apportes-tu à l'enfant ?* Montréal : Éditions de l'Hôpital Sainte-Justine, 2001. 206 p. (La Collection de l'Hôpital Sainte-Justine pour les parents)

WINNICOTT, Donald W. *Jeu et réalité : l'espace potentiel*. Paris : Gallimard, 2002. 276 p.

Ressources

Livres pour les parents

Aubert, Jean-Luc. *Intelligent mais peut mieux faire*. Paris : Albin Michel. 169 p. (Questions de parents)

Béliveau, Marie-Claude. *Au retour de l'école - La place des parents dans l'apprentissage scolaire*. Montréal : Éditions de l'Hôpital Sainte-Justine, 2000. 170 p. (La Collection de l'Hôpital Sainte-Justine pour les parents)

Boimare, Serge. *L'enfant et la peur d'apprendre*. Paris : Dunod, 1999. 164 p. (Enfances)

De la Garanderie, Antoine et Daniel Arquié. *Réussir, ça s'apprend. Un guide pour les parents*. Paris : Bayard, 198 p.

Darveau, Paul et Rolland Viau. *La motivation des enfants : le rôle des parents*. Saint-Laurent : ERPI, 1997. 132 p. (L'école en mouvement)

Duclos, Germain. *Guider mon enfant dans sa vie scolaire*. Montréal : Hôpital Sainte-Justine, 2001. 238 p. (La Collection de l'Hôpital Sainte-Justine pour les parents)

Olivier, Christiane. *Il n'aime pas l'école*. Paris : Fayard, 2001. 90 p. (J'écris pour les parents)

Pleux, Didier. *« Peut mieux faire » : remotiver son enfant à l'école*. Paris : Odile Jacob. 221 p.

Livres pour les enfants

Barbara, Diane. *Les méchants de la récré*. Paris : Sorbier, 2002. 24 p. (Mouss) 3 ans +

LAMBLIN, Christian. *Samira ne veut pas aller à l'école*. Paris: Nathan, 2000. 20 p. (Croque la vie). 3 ans + (accompagné d'un livret pour les parents)

DE SAINT-MARS, Dominique. *Lili trouve sa maîtresse méchante.* Fribourg: Calligram, 2001. 45 p. (Ainsi va la vie). 6 ans +

DE SAINT-MARS, Dominique. *Lucien n'a pas de copains*. Fribourg: Calligram, 2000. 45 p. (Ainsi va la vie). 6 ans +

DE SAINT-MARS, Dominique. *Max n'aime pas l'école*. Fribourg: Calligram, 1996. 43 p. (Ainsi va la vie). 6 ans +

BARBEAU, Philippe. *Pas touche à mon copain*. Paris: Flammarion, 2001. 58 p. (Les trois loups). 7 ans +

DE LA ROCHE SAINT-ANDRÉ, Anne et Vanessa Rubio. *Pourquoi je vais à l'école? L'obligation scolaire.* Paris: Autrement, 2002. 47 p. (Autrement junior). 9 ans+

GERVAIS, Jean. *L'ami de Dominique n'aime pas l'école.* Montréal: Boréal, 1989. 43 p. (Dominique). 9 ans +

GERVAIS, Jean. *Au secours*. Montréal: Boréal. 1994. 46 p. (Dominique). 9 ans +

J'ai été racketté: Le racket, un acte de violence. Paris: Autrement, 2001. 28 p. (Autrement junior). 12 ans +

Associations

Association / Troubles Anxieux du Québec (A.T.A.Q.)
C.P. 49018
Montréal (Québec)
H1N 3T6
Tél.: (514) 251-0083
Tél. sans frais: 1-877-251-0083
Fax: (514) 251-0071
Courriel: info@ataq.org
Site Web: www.ataq.org

L'Association offre des services de formation aux professionnels en santé mentale et fournit de l'information au grand public.

CLSC

Pour trouver le CLSC le plus près de votre quartier, consultez le site Web ci-dessous :
www.clsc-chsld.qc.ca/trouvez/trouvez.htm

Éducation coup-de-fil
Tél.: (514) 525-2573

Service de consultation professionnelle téléphonique gratuit, confidentiel et anonyme. Parents, enfants et adolescents peuvent y avoir recours. Le service est ouvert de septembre à juin.

Fédération des comités de parents de la province de Québec
389, boul. Rochette
Beauport (Québec)
G1C 1A4
Tél. : (418) 667-2432
Tél. sans frais : 1-800-463-7268
Fax : (418) 667-6713
Courriel : courrier@fcppq.qc.ca
Site Web : www.fcppq.qc.ca

La section « Aide aux parents » du site Web de la Fédération contient plusieurs textes abordant des sujets tels la gestion du stress chez les enfants, l'intimidation, la motivation, etc.

La Ligne Parents

Tél. : (514) 288-5555
Tél. sans frais : 1-800-361-5085

Intervention et soutien téléphonique pour les parents d'enfants de 0 à 18 ans. Le service est offert 24 heures par jour, 7 jours par semaine.

Phobies-Zéro
C.P. 83
Sainte-Julie (Québec)
J3E 1X5
Ligne d'écoute : (514) 276-3105
Administration : (450) 922-5964

Administration : pour éviter les frais d'interurbain, faire le (514) 877-5000, attendre la tonalité et composer le (450) 922-5269
Fax : (450) 922-5935

Points de service :

Lévis : (418) 832-5651
Sainte-Marie de Beauce : (418) 387-8181
Thetford Mines : (418) 338-3511
Trois- Rivières : (819) 374-8612

Courriel : administration@phobies-zero.qc.ca
Site Web : www.phobies-zero.qc.ca

Phobies-Zéro s'adresse à toute personne souffrant d'anxiété, de trouble panique, de phobies et d'agoraphobie ainsi qu'à leurs proches. Services offerts : ligne d'écoute téléphonique 7 jours sur 7, jour et nuit, groupes de soutien, « Volet jeunesse » (thérapies individuelles et de groupe, conférences, documentation, réunions hebdomadaires) et plusieurs autres.

Regroupement des associations de parents PANDA du Québec
527, rue Langlois, App. 1
Sherbrooke (Québec)
J1E 1N7
Tél: (819) 565-7131
Fax: (819) 565-5220
Courriel: regrpanda@hotmail.com
Site Web: site.voila.fr/regroupement.panda

Le Regroupement des associations de parents PANDA (Parents Aptes à Négocier le Déficit de l'Attention) du Québec peut vous diriger vers l'association de votre région.

Pour obtenir les coordonnées de professionnels en pratique privée:

Association des psychologues
1575 boul. Henri-Bourassa Ouest, bureau 485
Montréal (Québec)
H3M 3A9
Tél.: (514) 528-7498
Tél. sans frais: 1-877-528-7498
Fax: 514-528-6020
Courriel: info@apq-psycholog.qc.ca
Site Web: www.apq-psycholog.qc.ca/index.htm

Association des orthopédagogues
4246, rue Jean-Talon Est, bureau 18
St-Léonard (Québec)
H1S 1J8
Tél.: (514) 374-5883
Tél. sans frais: 1-888-444-0222

Sites Web

L'intimidation
Société canadienne de pédiatrie
www.soinsdenosenfants.cps.ca/securite/intimidation.htm

L'intimidation entre enfants : parlons-en !
Petitmonde
www.petitmonde.com/iDoc/Article.asp?id=22488

Je n'aime pas mon nouveau prof !
Petitmonde
www.petitmonde.com/iDoc/Article.asp?id=4245

J'veux pas aller à l'école
Enfants Québec
www.enfantsquebec.com/a_surveiller/Vol13no1/JveuxPasAller

Phobie scolaire et troubles de l'anxiété en milieu scolaire
Association canadienne pour la santé des adolescents
www.acsa-caah.ca/fran/documents/phobiescolaireetanxiete.PDF

La Collection de l'Hôpital Sainte-Justine

pour les parents

L'allaitement maternel

Comité pour la promotion de l'allaitement maternel de l'Hôpital Sainte-Justine

Le lait maternel est le meilleur aliment pour le bébé. Tous les conseils pratiques pour faire de l'allaitement une expérience réussie!

ISBN 2-921858-69-X 1999/104 p.

Apprivoiser l'hyperactivité et le déficit de l'attention

Colette Sauvé

Une gamme de moyens d'action dynamiques pour aider l'enfant hyperactif à s'épanouir dans sa famille et à l'école.

ISBN 2-921858-86-X 2000/96 p.

Au-delà de la déficience physique ou intellectuelle
Un enfant à découvrir

Francine Ferland

Comment ne pas laisser la déficience prendre toute la place dans la vie familiale? Comment favoriser le développement de cet enfant et découvrir le plaisir avec lui?

ISBN 2-922770-09-5 2001/232 p.

Au fil des jours... après l'accouchement

L'équipe de périnatalité de l'Hôpital Sainte-Justine

Un guide précieux pour répondre aux questions pratiques de la nouvelle accouchée et de sa famille durant les premiers mois suivant l'arrivée de bébé.

ISBN 2-922770-18-4 2001/96 p.

Au retour de l'école...
La place des parents dans l'apprentissage scolaire

Marie-Claude Béliveau

Une panoplie de moyens pour aider l'enfant à développer des stratégies d'apprentissage efficaces et à entretenir sa motivation.

ISBN 2-921858-94-0 2000/176 p.

Le diabète chez l'enfant et l'adolescent

Louis Geoffroy, Monique Gonthier et les autres membres de l'équipe de la Clinique du diabète de l'Hôpital Sainte-Justine

Un ouvrage qui fait la somme des connaissances sur le diabète de type 1, autant du point de vue du traitement médical que psycho-social.

ISBN 2-922770-47-8 2002/352 pages

Drogues et adolescence

Réponses aux questions des parents

Étienne Gaudet

Sous forme de questions-réponses, connaître les différentes drogues et les indices de consommation, et avoir des pistes pour intervenir.

ISBN 2-922770-45-1 2002/128 p.

En forme après bébé

Exercices et conseils

Chantale Dumoulin

Des exercices et des conseils judicieux pour aider la nouvelle maman à renforcer ses muscles et à retrouver une bonne posture.

ISBN 2-921858-79-7 2000/128 p.

En forme en attendant bébé

Exercices et conseils

Chantale Dumoulin

Des exercices et des conseils pratiques pour garder votre forme pendant la grossesse et pour vous préparer à la période postnatale.

ISBN 2-921858-97-5 2001/112 p.

L'enfant malade

Répercussions et espoirs

Johanne Boivin, Sylvain Palardy et Geneviève Tellier

Des témoignages et des pistes de réflexion pour mettre du baume sur cette cicatrice intérieure laissée en nous par la maladie de l'enfant.

ISBN2-921858-96-7 2000/96 p.

L'estime de soi des adolescents

Germain Duclos, Danielle Laporte et Jacques Ross

Comment faire vivre un sentiment de confiance à son adolescent ? Comment l'aider à se connaître ? Comment le guider dans la découverte de stratégies menant au succès ?

ISBN 2-922770-42-7 2002/96 p.

L'estime de soi des 6 - 12 ans

Danielle Laporte et Lise Sévigny

Une démarche simple pour apprendre à connaître son enfant et reconnaître ses forces et ses qualités, l'aider à s'intégrer et lui faire vivre des succès.

ISBN 2-922770-44-3 2002/112 p.

L'estime de soi, un passeport pour la vie

Germain Duclos

Pour développer des attitudes éducatives positives qui aideront l'enfant à acquérir une meilleure connaissance de sa valeur personnelle.

ISBN 2-921858-81-9 2000/128 p.

Et si on jouait ?

Le jeu chez l'enfant de la naissance à 6 ans

Francine Ferland

Les différents aspects du jeu présentés aux parents et aux intervenants: information détaillée, nombreuses suggestions de matériel et d'activités.

ISBN 2-922770-36-2 2002/184 p.

Être parent, une affaire de cœur I

Danielle Laporte

Des textes pleins de sensibilité, qui invitent chaque parent à découvrir son enfant et à le soutenir dans son développement.

ISBN 2-921858-74-6 1999/144 p.

Être parent, une affaire de cœur II

Danielle Laporte

Une série de portraits saisissants: l'enfant timide, agressif, solitaire, fugueur, déprimé, etc.

ISBN 2-922770-05-2 2000/136 p.

Famille, qu'apportes-tu à l'enfant?

Michel Lemay

Une réflexion approfondie sur les fonctions de chaque protagoniste de la famille, père, mère, enfant... et les différentes situations familiales.

ISBN 2-922770-11-7 2001/216 p.

La famille recomposée

Une famille composée sur un air différent

Marie-Christine Saint-Jacques et Claudine Parent

Comment vivre ce grand défi? Le point de vue des adultes (parents, beaux-parents, conjoints) et des enfants impliqués dans cette nouvelle union.

ISBN 2-922770-33-8 2002/144 p.

Favoriser l'estime de soi des 0-6 ans

Danielle Laporte

Comment amener le tout-petit à se sentir en sécurité ? Comment l'aider à développer son identité ? Comment le guider pour qu'il connaisse des réussites ?

ISBN 2-922770-43-5 2002/112p.

Guide Info-Parents I

L'enfant en difficulté

Michèle Gagnon, Louise Jolin et Louis-Luc Lecompte

Un répertoire indispensable de ressources (livres, associations, sites Internet) pour la famille et les professionnels.

ISBN 2-921858-70-3 1999/168 p.

Guide Info-Parents II
Vivre en famille

Michèle Gagnon, Louise Jolin et Louis-Luc Lecompte

Des livres, des associations et des sites Internet concernant la vie de famille: traditionnelle, monoparentale ou recomposée, divorce, discipline, conflits frères-sœurs...

ISBN 2-922770-02-8 2000/184 p.

Guide Info-Parents III
Maternité et développement du bébé

Michèle Gagnon, Louise Jolin et Louis-Luc Lecompte

Des ressources fort utiles concernant la grossesse, l'accouchement, les soins à la mère et au bébé, le rôle du père, la fratrie…

ISBN 2-922770-22-2 2001/152 p.

Guider mon enfant dans sa vie scolaire

Germain Duclos

Des réponses aux questions les plus importantes et les plus fréquentes que les parents posent à propos de la vie scolaire de leur enfant.

ISBN 2-922770-21-4 2001/248 p.

J'ai mal à l'école
Troubles affectifs et difficultés scolaires

Marie-Claude Béliveau

Cet ouvrage illustre des problématiques scolaires liées à l'affectivité de l'enfant. Il propose aux parents des pistes pour aider leur enfant à mieux vivre l'école.

ISBN 2-922770-46-X 2002/168 p.

Les parents se séparent...
Pour mieux vivre la crise et aider son enfant

Richard Cloutier, Lorraine Filion et Harry Timmermans

Pour aider les parents en voie de rupture ou déjà séparés à garder espoir et mettre le cap sur la recherche de solutions.

ISBN 2-922770-12-5 2001/164 p.

La scoliose
Se préparer à la chirurgie

Julie Joncas et collaborateurs

Dans un style simple et clair, voici réunis tous les renseignements utiles sur la scoliose et les différentes étapes de la chirurgie correctrice.

ISBN 2-921858-85-1 2000/96 p.

Les troubles anxieux expliqués aux parents

Chantal Baron

Quelles sont les causes de ces maladies et que faire pour aider ceux qui en souffrent? Comment les déceler et réagir le plus tôt possible?

ISBN 2-922770-25-7 2001/88 p.

Les troubles d'apprentissage: comprendre et intervenir

Denise Destrempes-Marquez et Louise Lafleur

Un guide qui fournira aux parents des moyens concrets et réalistes pour mieux jouer leur rôle auprès de l'enfant ayant des difficultés d'apprentissage.

ISBN 2-921858-66-5 1999/128 p.

AGMV Marquis
MEMBRE DE SCABRINI MEDIA
Québec, Canada
2003